U0840282

大蒙古国根本黄金史

（蒙汉合璧）蒙古文历史文献汉译

（清）罗布桑丹毕坚赞·著

格日乐·译注

内蒙古大学出版社

图书在版编目(CIP)数据

大蒙古国根本黄金史:蒙汉对照/(清)罗布桑丹毕坚赞著;格口乐译注.—呼和浩特:内蒙古大学出版社,2014.1

ISBN 978-7-5665-0539-2

Ⅰ.①大… Ⅱ.①罗… ②格… Ⅲ.①蒙古族—民族历史—研究—中国—蒙古语(中国少数民族语言)、汉语 Ⅳ.①K281.2

中国版本图书馆 CIP 数据核字(2014)第 006688 号

书　　名	大蒙古国根本黄金史
著　　者	(清)罗布桑丹毕坚赞
译 注 者	格日乐
责任编辑	哈娜
封面设计	雷青　黄曼
出　　版	内 蒙 古 大 学 出 版 社 呼和浩特市昭乌达路 88 号(010010)
发　　行	内 蒙 古 新 华 书 店
印　　刷	北京彩虹伟业印刷有限公司
开　　本	710mm×1000mm　1/16
印　　张	14.75
字　　数	229 千
版　　期	2014 年 2 月第 1 版　2014 年 2 月第 1 次印刷
标准书号	ISBN 978-7-5665-0539-2
定　　价	60.00 元

本书如有印装质量问题,请直接与出版社联系

出版说明

内蒙古大学出版社有限责任公司于2014年倾力出版的《(蒙汉合璧)蒙古文历史文献汉译》丛书,共8册10种书,分别是《蒙古秘史》《蒙古源流》《蒙古黄金史纲》《大蒙古国根本黄金史》《蒙古黄史》《蒙古博尔济吉忒氏族谱》《阿勒坦汗传》《阿萨喇克其史》《内齐托音一世传》《内齐托音二世传》。

本丛书所选的十部蒙古文史著为自13世纪到19世纪在中国和东西方众多国家广为流传的蒙古文史书,国内外已经有了多种文字的翻译本,但至今为止还没有出现“汉译丛书”的出版规模。我们组织出版了这套汉译丛书,希望能弥补这个遗憾。

该套丛书坚持以学术研究为先导,注重历史文献的大众普及,在原本译注的基础上,增加了蒙文原文版本的影印件,突出了“蒙汉合璧”的出版价值。希望这套丛书的出版,能为保护优秀民族文化遗产尽绵薄之力,同时也能为国内外学术同仁提供富有学术价值和参考价值的第一手资料。

由于水平有限,难免会有疏漏和不尽如人意的地方,我们期待广大读者不吝指教,以便以后修订完善。

蒙古文历史文献导论

各国蒙古学家们从18世纪起就开始搜集整理、研究蒙古族的书面文献、石刻文献等等，这不仅为我们今日的研究打下了良好的基础，同时也提供了大量鲜为人知的丰富的文献资料。据我们了解，各国蒙古学家们从1225年的《成吉思汗石》文开始到18世纪末为止所发现的蒙古文历史文献的数量是相当可观的。从这些遗留下来的或全文或残缺不全或点滴散存的各种蒙古文历史文献中，我们可以看出蒙古游牧民族丰富而灿烂的历史、文化的发展和变化的轨迹。为了叙述之方便，我们在本文中以朝代为序，以古代蒙古文历史文献的出土和发现地点为基本线索，对具有一定代表性的、新近发现的蒙古文历史文献作一概要介绍。

一、大蒙古国时期(1206—1271)

13世纪早期，北亚历史上出现了一个神话般的蒙古帝国。在北亚和中亚新生的这一游牧帝国(名称为“大蒙古国”)把整个民族带到了一个从“野蛮”转向文明的、充满了向上精神的新时代。这个时代最重要的标志是游牧蒙古人有了自己的文字，也有了自己的文献——蒙古人进入了有文字记载的历史时期。

成吉思汗统一蒙古得力于大量的部落战争，他命令每一个部落都必须由一个直接对蒙古大汗负责的人来统治。然而，就当时在蒙古周边民族的历史发展情况而言，他还需要与另一个文明世界的定居民族发生交往，并且懂得：游牧帝国的移动势力会因为与不能够移动的农业定居文明的势力相联系而导致其帝国的崩溃。另外，为了避免新成立的帝国从内部瓦解，他还制定了一整套可以限制游牧民族贵族们个人实力的扩张所必须遵循的规范制度。当然这套规范制度必须像定居农业民族的政权一样，要以文字的形式出现在人们的面前。

成吉思汗攻打奈曼部落时俘虏了新疆绿洲中的一个畏兀儿（回纥）人，命令他制定畏兀儿蒙古文字，即把蒙古语和畏兀儿字母结合到一起的文字。现代学者们将这种文字称之为“回鹘（畏兀儿）式蒙古文”或“回纥（畏兀儿）蒙古文”。这一名称的意思就是指从畏兀儿人（此为蒙古人的称呼，与汉文所称回鹘人相同）借用粟特体字母表创制的蒙古文，而不是有些人所说的畏兀儿人创制的畏吾儿文字。畏兀儿蒙古文是蒙古人最早的民族文字，现代蒙古文、托忒体蒙古文就是在它的基础上发展而来的，满洲文字母也是从畏兀儿蒙古文脱胎来的。

成吉思汗当时让这位被俘的畏兀儿人教太子及诸王用这种文字书写“国言”（蒙古语）；他还建立文官制度，并任用一部分通本国文字的畏兀儿人和一些讲突厥语、波斯语和阿拉伯语的回教徒，使他的继承者在与“从日出之地到日落之地”的所有民族打交道时，尤其是与他们南面的有“围墙”的具有古老文明的定居民族发生关系时，不必再完全依从他们的文官（内地所称谓的士大夫）阶层。这个文官阶层，从蒙古以前的古代北亚游牧民族进入该地区时就开始利用他们的文字来推行政事，致使北方游牧民族的征服者也自然而然地利用他们的文字作为管理新征服地区居民的工具。

成吉思汗与众多蒙古人不一样，在其一生中从未夸耀过自己的功劳和荣誉。我们从成吉思汗创制文字算起，迄今为止所发现的首次用蒙古文字记载的文献，即学界所称《成吉思汗石》（其实该名不准确）中可以看到，碑铭不是歌颂成吉思汗个人的荣誉，而是记载了从 1219 年到 1224 年跟随成吉思汗血战花剌子模国的成吉思汗之弟合萨尔次子也松格（约 1192—1267）的荣誉——他获得了成吉思汗降旨刻碑的殊荣。

蒙古人的历史进入到有自己文字的时代后出现了一系列重要的文献，其中具有直接史料性的历史文献有以下几部：

1.《青册》（阔阔 · 迭卜帖儿）：13 世纪初问世。该书是记录成吉思汗“大札撒”（ 大法典）的畏兀儿蒙古文笔录，内容为记录大蒙古国所有的司法决议，包括成吉思汗本人的法律训言（bilig）等都被保存起来以备用作将来司法判决的判例，所有有关部众分配的事例也记载在里面。由此可见,《青册》是一部法典与成吉思汗本人的法律训言的真实笔录。该书是在成吉思汗母亲的养子大断事官(Jarquči)失吉忽秃胡的领导下编写而成的。著名旅行家术外尼是唯一知道大札撒内容的波斯史家,他说《青册》里"有很多札撒条文",但他阐述得不多。直到元代时,成吉思汗的法律训言仍然有特别的影响力。据波斯史家拉施特说,当元成宗铁穆耳(1295—1307 年在位)与其长兄晋王甘麻剌为争夺皇位而激烈斗争时,他的母亲阔阔真哈敦提出,"忽必烈合汗曾经吩咐,让那精通成吉思汗的必里克(bilig, 意为法律训言)的人登位"。于是,诸王都背诵成吉思汗的必里克,在场的长辈们据此予以裁决,结果铁穆耳背诵得最好,因此被选作可汗。①由此看来,成吉思汗的大札撒在元代时期仍然被保存的同时也具有很高的威信。据其他学者说,该书的原本保存了三代。

2.《蒙古秘史》(亦称《元朝秘史》):此书原文是畏兀儿体蒙古文,作者佚名。书后写"鼠儿年七月写毕",对这一年份学界有不同看法,分别认为是 1228 年戊子、1240 年庚子、1252 年壬子和 1264 年甲子。该书主要内容为成吉思汗先人谱系、成吉思汗生平业绩和窝阔台汗统治时期的历史,个别内容涉及窝阔台汗以后的史实。看来不是一次成书,而是经过了不止一次的补充和修订。② 原文明初已散佚,在罗藏丹津的蒙古文《黄金史》中遗留了三分之二左右的佚文。现存的汉文音写本是明朝四夷馆的汉文音写本。汉族学者称其为《元朝秘史》。

以蒙古民族典范文献著称的《元朝秘史》(共 12 卷,《永乐大典》收录 15 卷),是研究蒙古历史的重要原始文史资料。该书的原名为《蒙古秘史》,为佚名氏撰。原文系以畏兀儿蒙古文写成,现已佚失,现世传仅有明初洪武年间遵钦命所撰,并附有汉文总译。本书除系统叙述蒙古人的起源、成吉思汗和窝阔台汗时期的事迹、蒙古汗国的建立与对外征服的业绩外,还对当时的社会生活习俗等做了真实的反映。引叙事实多通过传说、故事、谚语、格言、诗歌等形式写出,它不但是蒙古早期

---

① (波斯)拉施德:《史集》第二卷,商务印书馆 1985 年汉译本,第 375—376 页。

② Yekeming γadai Yirincin-u serg ügelte : Mongyul-un ni γuca tobčiyan, koke qoda, 1987, pp. 81 – 83.

的历史巨作，也是一部优秀的文学语言的珍贵文献。与《蒙古黄金史》《蒙古源流》并称为蒙古民族的三大史作。此书不但我国学者做过注释（注：清・李广田：《元朝秘史注》，清末沈曾植：《元朝秘史注释》等），国外学者也很重视。日本史学家称其为蒙古早期历史时期唯一的“金字塔”式的巨作。国外早在19世纪中叶开始已有俄、德、法、日等诸种文字的译文。

在俄国，有俄国驻北京的传教士帕拉迪乌斯（Palladius）译述的《关于成吉思汗的古代传说》一书（俄国驻北京传教士著作集，1866年）最早出版。在欧洲，一直从事蒙古文献语言学研究的德国学者海涅什（E. Hanisch）早在20世纪30年代就进行了译文还原尝试的《元朝秘史》（第一部）（莱比锡，1931）等著作。在法国还有东方史学者伯希和（P. Pelliot）《元朝秘史卷——蒙古语和译文（附译注）》遗稿的出版。该书由于是对蒙古原文进行了还原，并兼及了译注，一时轰动了蒙古史学界。

在日本，也先后出版了一系列有关《蒙古秘史》的研究著述。首先，由那珂通世最早日译的《成吉思汗实录》一书于1907年公开出版，因为穿插以流利文言文笔的蒙古语译文，并兼引了若干汉籍，再加以丰富的译注，而被称为日本明治时代不朽的东方名著（筑摩书房，1907）。其次，进入昭和年代，又相继有小林高次郎日译的《蒙古秘史》（生活社，1940）、《元朝秘史研究》（日本学术振兴会，1954），还有白鸟库吉的《音译元朝秘史》（《东方书文库》丛刊9，1942）等著作出版。这些译著从语言学角度，力求将汉文音译还原成蒙古语，也引起了学术界的极大兴趣，实为语言学研究的巨作。这一时期，学者服部四郎还发表了与小林高次郎《元朝秘史研究》同一主题的《元朝秘史中出现蒙古语言汉字之研究》的专著（日本学术振兴会，1954）。从1984年起，日本小泽重男的《元朝秘史全释》和《元朝秘史全释续考》陆续出版，共6卷，可以说是当今世界《蒙古秘史》研究史中的一座丰碑。

20世纪30年代以来，德国学者海涅什、苏联学者柯津、日本学者白鸟库吉、法国学者伯希和、匈牙利学者李盖提、澳大利亚学者罗依果等先后发表了《蒙古秘史》原文（根据汉字音译）的拉丁字音译本。

3.《金册》（*altan tebter*）：成书约比《蒙古秘史》晚几十年，而论及研究史，则比

《蒙古秘史》早几十年。14世纪初,波斯史家拉施特(1247—1318)先后受蒙古伊利汗合赞和完者都之命修撰《史集》。这是一部前所未有的世界通史,在当时是当之无愧的亚欧历史的百科全书。他在修撰《史集》的过程中充分利用和研究了当时秘藏于蒙古伊利汗国宫廷金库中的蒙古文《金册》。他是对这部文献最早也是唯一的研究者。用拉施特的话说,该书是蒙古人"逐代均曾用蒙语、蒙文加以记录,唯未经汇集整理,以零散篇章形式[保存于汗的]金库中""秘藏"的"信史","有关蒙古起源的史籍、与蒙古有亲属关系的突厥诸部的世系"。拉施特充分利用并考订、整理了《金册》这部蒙古文古代历史文献。拉施特研究《金册》的年代,应当与《史集》的写作同时进行,即在1311年至1312年之间。

《蒙古秘史》和《金册》这两部蒙古文历史文献,都在宫廷中被撰写、秘藏、研究过,因此,这两部蒙古文历史文献具有共同的、特殊的地位。

4.《萨迦格言》:又译成《善说宝藏》,吐蕃萨迦派高僧贡噶坚赞(Kun dgav rgyal mtshan,1182—1251)著,原文为藏文,蒙古文译本于1269年前完成。关于蒙文译者密咒大师索南戈拉的生平,文献资料没有什么记载,故暂无法做详细介绍。《格言》共457段,每段4行,共1 828行。1921年至1931年间匈牙利蒙古学家李盖提(L. Ligeti)在内蒙古旅行考察期间从喀喇沁旗公爷府获取蒙古文译文。原件今收藏在匈牙利科学院图书馆(布达佩斯国立图书馆)。《萨迦格言》是中世纪蒙古语标准语的重要文献,从13世纪以来在藏蒙地区广为流传。

5. 此外,忽必烈于公木虎年(1254)给西藏僧侣的《藏文诏书》(*jav sa bod yig ma*)和鼠年(1264)《珍珠诏书》(*mu tig ma*)等两份文书的原蒙文件虽然丢失,但其完整的内容被保存在藏文文献中,被学界认定为对研究蒙藏佛教关系具有重要意义的珍贵文献。

6. 黑城蒙古文献残片:1907年到1909年间,俄国东方学家柯兹洛夫(P. K. Kozlov,1863—1935)率领俄罗斯皇家地理学会探察队到中亚极东部藏区进行了考察,并从死城哈喇浩特(即"黑城"又名"黑水城",位于今内蒙古阿拉善盟额济纳旗达来呼布镇东南)遗址中发现了大量的西夏文书籍及其残片和西藏、蒙古等民族的文献及其残片。这是20世纪轰动世界的重大发现。然而,其中发现的蒙古文文献只有17件。对此,过去虽有一些研究,但只是对其文字、内容进行研究而已。然而,直到目前为止,我国学术界知之者很少。匈牙利蒙古学家卡拉·捷尔吉(D. Kara Gyorgy)于2003年在俄罗斯科学院东方研究所圣彼得堡分所编写的《东方文献》(第9卷,第2辑)上发表了从哈喇浩特出土的19件(包括回鹘文1件)蒙古文印刷品和手稿文书(大部为残片)的全部照片及其拉丁文转写,并撰写了评注,[①]为学术界提供了极为珍贵的中世纪蒙古文文本文献,可谓功德无量。这些文献内容极为丰富,其中与蒙古古代历史相关的有早期借贷文契、寺院经济、契约、信件等蒙古社会经济文书,此外也有佛经故事、入官、推官等官方文书,尤其其中发现的成吉思汗与阿鲁剌惕氏的孛斡儿出那颜(G110背面)、忙兀惕部的智者之间对话的残片是属于成吉思汗至理名言的具有诗歌韵律的早期文献。另有《也先帖木儿给西域火洲之地官员的令旨》是蒙古统治者管理西域的范例之一。

7. 伏尔加河畔发现的桦树皮文献《母子情感歌》:1930年,在中世纪属于金帐汗国或术赤兀鲁斯(约1243—1502)领土的苏联伏尔加河右岸下游的一座古墓葬中有一位农民发现了带有装订线的25叶桦树皮文献,25叶中的13面写的是畏兀儿体蒙古文。这是13世纪末的文献,学术界将其称为《金帐桦树皮文书》,亦称《母子情感歌》。这首情感歌叙写了一个蒙古普通劳动妇女送儿子服兵役时的嘱咐和出发远征的儿子对母亲、家乡的思念之情,其内容与蒙古西征历史有密切联系,并且从其渊源而言是来自民间的一首对唱歌。原件今收藏在俄罗斯圣彼得堡市艾米塔尔(Ermitar)博物馆。

二、元朝时期(1271—1368)

1. 统治波斯的蒙古汗国—伊利汗国的诸王阿巴哈汗(Abaqa khan)、阿鲁浑汗(Argun khan)的两份信函,合赞汗(Qazan khan)、完者都汗(Oljeyitu khan)等于1267年(或1279年)、1289年、1290年、1302年、1305年分别致罗马教皇和法国国

---

① G. Kara, Mediaeval Mongolian Documents from Khra Khoto Xiyu in the St. Petersburg Branch of the Institute of Oriental Studies. Manuscripta Orientala, Vol. 9, No. 2 June 2003, St. Petersburg.

王的外交信函。这几份蒙文信函对研究蒙古与欧洲各国的联系有密切的关系，这些文献今分别收藏于梵蒂冈档案馆和法国档案馆。

2.《亚历山大传奇》(*Sulqarnai-yin tuγuji*)：吐鲁番出土蒙古文残篇13叶，被认定为14世纪初由波斯文译成蒙古文。今收藏于德国科学院东方学研究所图书馆。其对研究蒙古与西域文化交流史有特殊的史料价值。

3. 蒙汉文对译《孝经》(*takimdaqu nom*)：大德十一年(1307)木刻版。今原件收藏于故宫博物院图书馆。这部文献对研究元代蒙古人的语言、文化历史具有重要的文字学价值。

4. 吐鲁番发现的蒙古文文书：从新疆吐鲁番发现的蒙古文文献是在德国人几次进行吐鲁番考察过程中获得的。这些文献是于1902—1914年间由德国柏林民族博物馆以及后来的普鲁士科学院吐鲁番委员会先后组织了四次考察队派往新疆吐鲁番地区进行考古挖掘所得的蒙古文文献。通过四次挖掘共获得105张蒙古文文稿，其中大部分是元明时期的文书之类。自从艾里希·海涅什(Erich Haenisch)1959年发表了《柏林吐鲁番文集》(*Berliner Turfansammlung*)中的大部分蒙古文文献影印件以来其中的许多残页被欧美各国和蒙古国的蒙古学家们研究整理过。其中1993年蒙古国的策仁索德纳木(D. Cerensodnom)和德国的陶贝(M. Taube)合作刊行的《柏林吐鲁番文集中的蒙文文献》成为最新的、最完整的研究著作。

从吐鲁番发现的文本文献除了《亚历山大传奇》以外，值得我们注意的是，吐鲁番文献中的统治中亚河中地区的察合台汗国(1221—1508)后裔秃忽鲁帖木儿(1346—1363，中亚文献中出现的蒙古斯坦的第一代汗)于1352年给河中三个地域长官们的一份令旨(Uge，共9行字)，于1348年或1360年派遣大臣也先到高昌地区办理公务的令旨(共16行)，于1353年派遣孛罗海牙(Bolad qay－a)为首的使臣等到某地接纳使臣所需物品的令旨(共12行)以及秃忽鲁帖木儿之子亦里牙火者(Ilasqoja，1363—1370年在位)于1369年下达篾儿乞惕将军的有关豁免民户赋税的圣旨(jarliγ，共20行)；还有给印度斯坦使臣的羊年圣旨(共17行)；察合台汗国第14代汗怯别(Kebeg.，1318—1326)于1326年颁发黑色印章的解救赔款令旨(共10行)；第21代汗也孙帖木儿汗(1338—1339年在位)给驿站的圣旨(共14

行)等文书都是盖有红色印章或黑色印章的完整的畏兀儿体蒙文官方文书。这些文书是研究河中地区察合台汗国的政治、经济、文化和风土人情等方面有一定意义的重要资料。

5. 关于元代所译《彰所知论》蒙古文版及相关问题。元代,八思巴有一名著,书名为《彰所知论》(藏文为 *shes bya rab tu gsal ba*)。学界对此书的成书年代及藏、汉、蒙古文版本问题至今有不同说法。过去有的学者认为"现在不存西藏语或蒙古语的原书,只传中译本"。经王启龙先生的努力,发现了其藏文原版完整地保存在德格木刻板《萨迦全集》(*sa skyavi bkav vbum*)函中。在这一重要发现的基础上,经他专题研究,对《彰所知论》的藏文原文的写作年代目前可以定论,即"《彰所知论》藏文版中明确说明,八思巴在戊寅年(sa pho stag gi lo, 阳土虎年,1278 年)于萨迦寺写成此论的"①。同时王启龙还指出了其汉译本成书于 1306 年以前。至于《彰所知论》的蒙文译本,在学术界至今仍然是个谜,王启龙根据德国蒙古学家海西希(Walther Heissig)教授于 1959 年在德国威斯巴登出版的《蒙古人的家谱与宗教历史文献》(*Die Familien-und Kirchengeschichtsschreibung der Mongolen*)一书的说法,认为"蒙文本时间更晚","至于蒙文本是译自藏文原文还是汉译文,尚须考证"。②

海西希以前俄国的蒙古学家科瓦列夫斯基首次提出,17 世纪蒙古著名佛学翻译家锡埒图·固什·绰尔济的一部著作即《必用之全义经》(*čiqula keregleküi tegüs udq-a neretü sasdir*, 也有人译成《本义必用经》)是八思巴喇嘛所著《彰所知论》的蒙古文译本或改写本。③ 尤其是我们看到王启龙先生发表的藏文原文后认为,蒙文《必用之全义经》是一部完全独立的著作,而不是八思巴喇嘛《彰所知论》的译本。只要将蒙文《必用之全义经》同《彰所知论》略加对比,便不难看出这一点。锡埒图·固什·绰尔济在其著作中未曾提及八思巴喇嘛的著作,绝非偶然。他在

---

① 王启龙:《八思巴生平与"彰所之论"对勘研究》,中国社会科学出版社,1999,第 239 页。

② 王启龙:《八思巴生平与"彰所之论"对勘研究》,中国社会科学出版社,1999,第 225—226 页。

③ O. M. Kovalevskii , Buddiiskaya kosmologiya. Kazan ,1837, p. 13 .

《必用之全义经》的“跋语”中指出，作者是“应克穆齐克兀惕(部族)之善胜菩萨为首，明慧者希绕曾格二人以无垢虔诚之心再三请求译之此著，据前圣者之神圣教海与犹如冉冉上升的太阳般照耀之诸种经典之含意进行详实对勘后，名为满洲什礼·固什·锡埒图·绰尔济者，为犹如太阳般弘扬顶圣释迦牟尼之教，实为撰写而成。”要指出的是，海西希等学者所利用和发表的抄本“跋语”与笔者所看到的几种抄本以及内蒙古社会科学院的竹笔抄本之间差别很大。据我们考察，海西希所利用的抄本，无论从其内容还是从版本学角度而言，可以说是一部较劣质的抄本，不足凭据。

就内容和结构而言，锡埒图·固什·绰尔济的这部著作与八思巴喇嘛的著作完全不同。据藏文原文，八思巴喇嘛的著作是由五个部分，即器世界品、情世界品、道法品、果法品和无为法品组成的。而锡埒图·固什·绰尔济的著作可分为四个部分，即佛陀生平及其佛教学说、三界(欲界、色界、无色界)、印藏蒙王统世系、佛陀学说中需要知道的要义。

这样我们首先肯定了国内外现在流传的蒙古文《必用之全义经》不是八思巴喇嘛《彰所知论》的译本。那么《彰所知论》是否有蒙文译本？若有，何时翻译成蒙文？据我们的新近发现，《彰所知论》确实有其蒙古文译本，今藏于俄罗斯圣彼得堡国立大学图书馆，书名为《彰所知论》(*Medegdegün-i belgetey-e geyigülügci ner-e-tü Sasdir*)，版心：36.8cm×9.5cm，共1—52a页，每页28—29行字，竹笔抄本。该抄本大约是清代1720—1730年间所抄。但我们根据抄本的句型结构、语言修辞和词法特征以及保持回鹘文书写形式和回鹘式佛教名词术语的多次出现等情况来看具有元代蒙文译经的特点，因此我们认为此抄本的译文属《彰所知论》的元代蒙古文译本的可能性很大。

三、北元时期(1368—1635)

1.明朝景泰帝蒙古文敕书：汉文称“皇帝敕赐剌儿地面头目咩(yang)力儿吉的诏书”。这是明廷用蒙汉两种文字致伊朗剌儿地区(剌利斯坦 Laristan)长官的诏书，发诏书时间为明景泰三年(1452)十一月二十九日。原件收藏于土耳其国伊斯坦布尔市土布卡皮宫博物馆(Topkapi Sarayi Muzesi)。① 本诏书以及吐鲁番出土的文书证明,明朝最初的百余年里,蒙古文曾是明朝与西域某些国家之间进行联系的外交语言和文字。

2. 阿勒坦汗于 1580 年用蒙汉文对照的呈明朝皇帝的信札和《高昌馆课》(1407)也属于北元时代的用汉文逐字逐句译写,不顾蒙文语法特点,不懂汉文的蒙古人无法理解的特殊文献,但学术界完全可以理解和利用其内容。

3.《阿勒坦汗传》:原书题曰《名为宝汇集之书》,蒙古文原本为削竹笔手抄本,作者佚名。关于该书的成书年代,据学者们的考证是在 1607 年。全书共 54 经卷页,计 107 面,全书采用韵文体,以押头韵的四行诗为其基本形式。此书原藏于内蒙古乌珠穆沁右翼旗王府家庙内,现藏于内蒙古社会科学院图书馆,成为天下孤本。主要内容为赞扬土默特万户领主阿勒坦汗(1502—1582)一生的业绩,反映了当时蒙古右翼三万户的政治、经济、军事、文化和西藏佛教格鲁派等首次传入蒙古地区的实际情况并提供了很多过去鲜为人知的珍贵资料。

4.《白史》:原名《十善福经白史》。不少研究者根据 16 世纪著名思想家呼图克台・彻辰・洪台吉(1540—1586)重编的《白史》一书的"前言"认为,该书为元代忽必烈之作。但也有学者不同意此说。最早发现此书的是 16 世纪下半叶鄂尔多斯部呼图克台・彻辰・洪台吉。据洪台吉说,他从松洲城获得此手抄本后,与畏兀儿人比兰纳识里的旧抄本互校,并写"前言"公布于世。此后《白史》流传于世。从该书的整个内容来说,是一部有关蒙古国家体制与法制方面的典章性著作。

5. 从阿伦苏木(olan süm-e)发现的文书:由日本考古学家江上波夫(Egami Namio)率领的日本考察队先后于 1935 年、1939 年、1941 年在阿伦苏木古城(位于今内蒙古包头市达尔罕茂明安联合旗百灵庙镇之北三十余公里)遗址上进行挖掘后发现了 200 多件蒙古文文献残片。据德国海西希(W. Heissig)等学者研究,认为这些残片属于 16—17 世纪手稿。原件在日本国保存。1976 年,德国海西希教授将其全部残片影印出版,并进行拉丁文转写、识读和考证(其中 29 件残片无法确

---

① F. W. Kleaves, The Sino-Mongolian Edict of 1453. in the Torkapi Sarayi Mütesi HJAS, XIII, 1950,431—446 页, 1—VIII 图片。

认),为蒙古学界首次提供了阿伦苏木古城出土的蒙古文文献。残片的大部分是佛教经典、咒语经的抄本,也有不少有关天文历书、算卦书、格律诗以及与民俗学相关的重要的蒙文文献。

6. 蒙古国发现的《阿勒坦汗赞歌》及17世纪的桦树皮蒙文文献:由蒙古国考古学家H. 普日来(H. Perlee)带领的考察队于1970年在蒙古国布拉干省南部的哈剌布罕·巴尔嘎松城(黑牤牛城)遗址中发掘出1 400多块写有蒙古文和藏文的桦树皮文献。其中只有一部分蒙文法律文书由蒙古国已故学者H. 普日来公开发表,其他文献仍在蒙古国。这些文献学术界认定为17世纪前半叶的产物。1994年7月初,德国波恩大学中亚研究所举办了蒙古桦树皮蒙文文献展览,这是在蒙古国发现的上述桦树皮蒙古文文献中的一部分。在德国展览的桦树皮蒙古文文献是20世纪90年代初从蒙古国运到德国的粘连在一起而成为几乎无法修复和拆开的一大团整块物品。经德国有关专家们的努力,终于得到修复并还原成可以识读的桦树皮文献。德国波恩大学中亚研究所准备将这些桦树皮蒙古文文献全部出版。2000年,他们的首批成果在德国威斯巴登公开出版。根据该出版物,我们看到研究者们对其中的110份文献进行了内容分类、拉丁文转写和关键语词的考订和解释。他们认为这些文献写就时间大约在公元1600年左右。尽管幸存的这些文献大部分是残缺不全的、不连贯的甚至几乎没有一件是完整的,但是,这些文献与内蒙古黑城、阿伦苏木和新疆出土的吐鲁番蒙古文文献一样能够留存到现在,并被发现,最终成为能够使对此感兴趣的学者和读者看到和了解其内容的罕见文献,仅此一点就说明了蒙古人在元代和北元时期曾拥有过很多我们现在不甚知道的蒙古文文献。

从这些文献的内容来看,其绝大部分仍然是宗教经典,但还有一部分是宗教领袖人物、政界领袖的赞颂诗歌和民俗学方面的资料,如:其中的熏祭用品及其礼仪祭词、招魂词及祭火招词、各种民间咒语、历法书、占梦书、星占书等类文献在佛教传入蒙古以前和以后都曾有过,是研究蒙古民俗及风俗习惯不可缺少的资料。

值得特别指出的是,该出版物中有一首《阿勒坦汗赞歌》。这是一部极罕见的文献,尽管它只剩下严重破损而无头无尾的一叶(第6叶)的两面文字残片。残片中我们可以读到以“啊，我们的阿勒坦扯辰汗”一句为隔、四行重复一遍的优美的诗句。诗中描绘了阿勒坦汗的生平业绩，如建寺庙、修建呼和浩特、在平川上耕种农田、远征卫拉特部、从汉地掳掠财物、使自己的人民过上太平富裕生活等语句。据此，我们毫无犹豫地可以肯定，这是一首记录土默特部阿勒坦汗一生业绩的长篇叙事诗。仅此一点，该残片就可以作为在蒙古史及蒙古文学研究上一项具有历史意义的新发现而被载入史册。

7.《黄金史纲》(约1628年成书)：作者佚名，多种抄本流传，有学者认为2002年蒙古国乔伊玛发表的影印本为最佳抄本。该书是继《蒙古秘史》出现后又一部集中反映从古代到林丹汗即位为止的蒙古历史，是研究北元汗系和诺颜、台吉谱系的珍贵资料。

四、清朝时期(1636—1911)

有清一代蒙古人则有了大量的书面历史文献、石刻文献、宗教文献、语言文献、法典文献、翻译文献和文学作品。随之，蒙古文历史文献也出现了一个新的发展高潮。

这个时期重要的蒙古历史文献的产生大部分都与当时东亚政治大局发生的重大变化有关系。当时是满洲贵族征服漠南蒙古地区，宣称他们是蒙古正统可汗，同时对漠北、漠西蒙古怀有继续征服的野心而蒙古民族将要失去独立地位之际。这些著作多数是以编年体为形式，从“奉天命而生的孛儿帖赤那”开始到成吉思汗的黄金家族为主线，将他们后裔的历史写到史家生活的那个时代为止的蒙古人的历史。有的史家由于深受当时正在鼎盛时期的藏传佛教思想的影响，将成吉思汗及其先祖的历史与印度、西藏的转轮王统紧密联系起来，以图阐明自己祖先的圣洁和高贵。这些编年史一方面反映了当时蒙古史家们记录民族存亡危机时刻的复杂的思想情绪，另一方面，也尤为难能可贵的是比较客观地记载了当时蒙古社会的政治、经济、军事、宗教和文化的历史进程。

清代在蒙古地区流传的主要史学文献现有《蒙古源流》(1662)、《黄金史》(1665)、《黄史》(1651—1662)、《阿萨喇克其史》(1677)、《恒河之流》(1725)、《蒙古博尔济吉忒氏族谱》(1735)、《金轮千辐》(1739)、《大蒙古国根本黄金史》

(1765)、《水晶念珠》(1775)、《蒙古王公表传》(1779—1812)、《金鬘》(1817)、《宝贝念珠》(1840)、《水晶鉴》(1850)、《圣主成吉思汗传记》(18 世纪中叶,松巴堪布·也摄斑珠尔著)等。

漠西蒙古卫拉特人被清朝征服的前后也用他们的圣哲扎雅班迪达创制的托忒文编写了几部有价值的史学著作,同样在蒙古地区流传。卫拉特人的著作有其地方特色,他们的所有史学著作几乎全部都是卫拉特地区的历史。我们应该提到的主要著作有《四卫拉特史》(1739),此后又出现了另一部《四卫拉特史》(1819),后者在前者内容基础上增加了一些新的章目。另外还有《土尔扈特诸汗历史》(18 世纪末)、《蒙古溯源史》(19 世纪初)、《乌讷恩素珠克图土尔扈特与青塞特奇勒图新土尔扈特诸汗之世系表》(18 世纪末)、《和鄂尔勒克史》(19 世纪)等以及一些晚近的著作。

19 世纪前后,在贝加尔湖周围生活的布利雅特蒙古人用蒙古文编写了与卫拉特人相同的具有地域特色的部族史。其中应该提到的主要著作有《霍里与阿辉布利雅特源流史》(1863)、《霍里十一父亲的溯源史》(1875)、《色楞格布利雅特史》(1868)、《巴尔虎津布利雅特史》(1887)等。还有一部以 16 世纪民间传说为主要内容的《巴拉珠娜夫人的传说》(约 17 世纪)的几种蒙古文传抄本在布利雅特地区广为流传。

有清一代蒙古人的历史文献中高僧传记文献也很重要。到了清代,蒙古地区的佛教得到前所未有的发展,随之在蒙古地区出现了众多高僧。清代的蒙古文史料中,蒙古高僧的传记是一个非常重要的历史文化宝库。由于这些高僧往往又是蒙古地区的宗教领袖,他们的传记大都有记事准确、时间清楚、涉及蒙古社会各个方面等特点,其中留下了许多珍贵的政治、经济和宗教活动资料,而这些资料又往往被清代的正史所忽略,因而可以弥补正史之不足。清代蒙古文高僧传记主要有:

1.《内齐托音一世传》:额尔德尼毕力衮达赖著,1739 年成书 。内齐托音(1557—1653)是卫拉特蒙古土尔扈特部人,著名的宗教活动家,为西藏佛教格鲁派在内蒙古地区的传播做出了巨大的贡献。传记的作者根据内齐托音一世弟子们的备忘录、各种笔记以及当时社会各界的口述而撰。全书分五章,第一章主要叙述了内齐托音的童年，出家赴藏；第二章在西藏札西伦布寺师从班禅学经，经土尔扈特到喀尔喀，然后到呼和浩特的经历；第三章是在呼和浩特地区周围山洞中修行三十余年的苦行僧生活；第四章为内齐托音一世前往东蒙古地区的传教过程：经当时的翁牛特、巴林到盛京，在科尔沁地区传教，清世祖顺治皇帝传其进京，返呼和浩特，再一次东返科尔沁等一系列活动；第五章为记录内齐托音圆寂情况。该传记是研究喇嘛教在内蒙古地区传播的第一手资料，尤其以在内蒙古东部地区的传教过程和佛教与萨满教的斗争记述更具价值。国内有乾隆间木刻版本和今人成崇德、申晓亭汉文译注本（《清代蒙古高僧传译辑》，全国图书馆文献缩微复制中心出版，1990）和金峰的蒙古文《漠南大活佛传》（内蒙古文化出版社，2009）等。

2.《内齐托音二世传》：内齐托音二世弟子达磨三谟陀罗著，1756—1757 年间成书。内齐托音二世（1671—1703），内蒙古茂明安旗人，一生都在漠南地区弘扬佛法，曾以清朝使者身份出使西藏邀请五世班禅（在康熙三十四年，公元 1695 年）。作者根据当时的口碑资料及自己掌握的有关材料撰写了他的童年、出家、学习佛法、奉命出使西藏、跟随皇帝出征厄鲁特等一系列活动，是研究 17 世纪末蒙古地区历史的重要资料。国内有清代手抄本和乌力吉图的汉译本（《清代蒙古高僧传译辑》，全国图书馆文献缩微复制中心出版，1990）和金峰的蒙古文《漠南大活佛传》（内蒙古文化出版社，2009）等。

3.《哲布尊丹巴传记》：据考察《哲布尊丹巴传记》有多种。主要有：①喀尔喀扎雅班第达・罗卜藏普棱列著《哲布尊丹巴一世传》，约成书于 1702 年，该部传记成为后人追叙哲布尊丹巴一世的蓝本。除蒙古文本外还有蒙藏文对照写本。②纳吉旺布喇嘛著《哲布尊丹巴一世传》，成书于 1839 年。此书基本资料出自罗卜藏普棱列著《哲布尊丹巴一世传》，但又增添了许多鲜为人知的细节。有木刻本和手抄本。③《哲布尊丹巴一世至六世传记》，著者纳吉旺布喇嘛，约成书于 1848—1851 年间。此书虽简短，但由于它提供了其他这类传记所没有的哲布尊丹巴一世转世的情况，仍不失为一部颇有价值的著作。④《哲布尊丹巴一世至七世传记》，著者佚名，约成书于 1859 年 。国内外有多种蒙、藏文版本流传。1961 年，英国学者鲍登英译出版了哥本哈根皇家图书馆藏该传记的蒙文抄本（Ch. 鲍登《库伦的哲布尊丹巴》(英文),威斯巴登,1961)。上述传记,对研究17世纪至19世纪喀尔喀蒙古的历史、文化、宗教,尤其是喀尔喀蒙古同清朝、西藏及卫拉特之间的关系,具有第一手资料的价值。在近代蒙古历史上,哲布尊丹巴的政治地位是不容忽视的,但汉文史料所提供的有关他的可靠情况实属微乎其微,甚至连他的名字也有多种讹传。国内有成崇德、申晓亭的汉译校注本(《清代蒙古高僧传译辑》,全国图书馆文献缩微复制中心出版,1990)。

4.《咱雅班第达传》:托忒蒙古文著作,书名为《兰占巴咱雅班第达传——宛如月光一样明亮》,简称《月光》。作者喇德纳巴德喇,成书于17世纪末。据蒙古国学者B.仁亲教授的看法,该传最初是以藏文撰成,后译成托忒文,最后转写为蒙古文。书中详细记载了咱雅班第达(1599—1662)一生的政教活动,同时记述了卫拉特蒙古当时的社会状况、政治变迁以及宗教文化活动,是一部研究17世纪四卫拉特政治、历史、宗教、文化等的重要资料 。该书的蒙古文本手抄本最初发现于喀尔喀咱雅班第达图书馆,于1959年在乌兰巴托铅印出版 。国内有新疆敖日布的蒙古文本和成崇德、申晓亭汉文译本(《清代蒙古高僧传译辑》,全国图书馆文献缩微复制中心出版,1990)。

清一代蒙古人的历史文献中法律文献也很重要。北元后期由于蒙古诸部的封建割据而致蒙古诸部几乎处于各自为政的状态。因此,清初在蒙古地区没有产生一部全蒙古性质的法律文献即法典。当时在蒙古地区所产生的法典或由北元蒙古某部有权势的汗王所颁定,或由某一地区的封建主们商定颁布。

我们现在发现的16世纪到17世纪的蒙文法典主要有:除了《阿勒坦汗法典》(1578—1581)外,另一些重要的法律文献是喀尔喀诸部制定的一系列大小法典(16世纪后半叶到1639年为止)。这些法典是由蒙古国考古学家H.普日来(H.Perlee)带领的考察队于1970年在蒙古国布拉干省南部的哈剌布罕·巴尔嘎松城(黑牤牛城)遗址中发掘出1 400多块写有蒙古文和藏文的桦树皮文献中发现的。其中发现18份蒙文法律文书,于1974年由H.普日来公开发表。① 这是由喀尔喀

① H. Perlee , Qalqyin sine oldson caaz erkemjiin dursγalt bičig (Kh. Perle . Newly discovered juridical Document Khalkha-Mongolia) . Ulaanbaatar. 1973. pp. 3 – 139.

七旗贵族先后在不同盟会上制定的18份法律文书，故学界称其为《喀尔喀七旗法典》，亦称“桦树皮法典”。其中大部分法律文书前有“小法典”等字样，唯有两部法典冠有“大法典”名称：一是“申年大法典”(1620)，共有法律条文92条，H. 普日来认为这是指《喀尔喀七旗法典》；此外还有一份《土卯年大法典》(1639)，遗憾的是被发现的这部大法典只有一页残片。这一年正是一世哲布尊丹巴升法座之年，而且一世哲布尊丹巴本人和喀尔喀部扎萨克图汗及吐谢业图汗等人都来参加，看来是制定了一项重要的法典。有的学者认为很可能是“申年大法典”的修改或者是补充的大法典。该法典制定的次年即1640年，喀尔喀和卫拉特贵族共同制定了《也克察吉》(《大法典》)，其内容突出了调整喀尔喀和卫拉特两部关系、共同抵御外敌和推崇黄教的内容。法典把抵抗侵略者作为全体社会成员的职责，放在相当重要的位置上，这是喀尔喀和卫拉特两部面临清朝和俄国的兼并而做出的应对措施。

我们现在所说的《也克察吉》的最初的文本毫无疑问是畏兀儿体蒙古文，因为当时还没有创制托忒蒙古文，然而迄今为止国内外学者没有发现其最初的托忒蒙古文文本。现在我们所看到的全都是托忒文抄本。① 根据早期托忒文抄本，该法典的原名称，即准确的名称为《也克察吉》(大法典)，然而后来人们根据其内容，为《也克察吉》妄加了各种各样的名称，其中最普遍使用的名称便是《喀尔喀—卫拉特法典》。此外，还有《蒙古—卫拉特法典》《卫拉特—蒙古法典》《卫拉特法典》《1640年喀尔喀—卫拉特法典》《1640年法典》《也克察津文书》等。从文献学角度来看，我们应该而且必须用其原来的名称——《也克察吉》(大法典)。②

清朝蒙古法律最初基本上采用蒙古原有的法律形式，是为适应蒙古社会而制定的，但是到后来不断修订，加进了大清律的内容，其中《蒙古律书》最为典型。从

---

① 查阅公开刊行的国内外目录，该法典的托忒文抄本馆藏有5处：1. 莫斯科国家档案馆卡尔米克文馆藏部1部；2. 圣彼得堡东方学研究所图书馆2部；3. 圣彼得堡大学图书馆1部；4. 内蒙古社会科学院图书馆1部。

② К. Голтстунская, Монголо - Ойратские закон 1640. Санктпетербургъ, 1880, стр. 2 (影印版：《也克察吉》). 此外，苏联的布里亚特学者 с. д. Дылыков 于1981年在莫斯科刊行的《也克察吉》一书同样用了该书的准确的原名 yeke čaγaja.

天聪二年(1629)开始陆续颁布,不断增加内容,由崇德八年(1643)、顺治十四年(1657)、康熙六年(1667)到康熙三十三年(1694)时颁布的《蒙古律书》已经成为152条。[①] 乾隆六年(1741)重新修订,以后又几次修订,并改译其名为《蒙古律例》,译成满文和汉文。此外还有蒙文《理藩院则理》于嘉庆二十三年(1818)蒙文本刊行。

《喀尔喀·吉鲁姆》(喀尔喀法典),共由24个法令组成,指定时间约在1709年至1770年间。其中主要有《三旗法典》(1709)共25条;《虎年条例》(1722)共3条;《土猴年条例》(1728)共7条;《土谢图赛因汗、达赖车臣汗等商定的龙年条例》(1736)共36条;《乾隆十年条例》(1745)共12条;《供施二主条例》(1746)共25条;《赛马条例》(1729)共13条等等。上述蒙古文法律文献对研究蒙古古典法制及其历史性的延续性和古代蒙古政治史、社会史的研究有重要的史料价值。

有清一代蒙古文历史文献流传范围广,版本繁多,对研究蒙古人的历史有着不可忽视的史料价值。

乔吉

2014年1月于呼和浩特

---

① С. Д. Дылыков, MongGul-un čaγajin-u bi čig. Москва, 1998.

目录

[译文]

南无佛陀耶　南无达摩耶　南无僧伽耶[①]

遍知事道之经师，气力神通显扬，融贯经卷之博理，给予幼小心灵以滋养。调伏一切的大力持论，裨益盖世，恒久吉祥。方术高超的尊者目犍连，普度众生的释迦牟尼佛，让人间聆听宇宙之道，使民众知晓可汗[②]世系。神通的译师循努白，《元史》著者欧阳玄，乃撰写宗室的先辈史臣，我等后辈蒙古人之祖师。深受崇敬的先祖孛儿帖赤那，则是文殊法王三赞普的长者。因其莅临蒙古地方，后裔可汗名誉显扬。诸多天神、菩提萨埵，以祝福的须弥山，集聚福德之大海。可汗子嗣、日月星辰，慈悲之光，遍照众生。分享其永盛不衰的沐浴之光，激发我追溯渊源的昂扬意气。著述世系的历史，金册一部，如同繁花盛开的果树，其详尽的立说，犹如绸缎般的花卉。凭藉庞然大物的牙齿冒充猛兽，倚仗山雕鹞鹰的翅膀假充飞禽，阴险狡猾的大鹏将满怀厌恶，风流贤德的杜鹃将充满喜悦。地位显赫更当谨尊祖先，弯曲的枝条也不应被视为等闲。博览史卷是我辈之嗜好，钦佩尊者贤德雄韬。不限名氏事迹的记载，更求内容意义的精华，若能定夺其传统之真谛，确是对政教制度之献礼。欲知列祖列宗之原委，顾及可汗根源与姓氏，按照史籍论典的记载，奉献我辈撰述的书卷。那等概不探究随意偏颇、胡言狂语信口开河、趾高气扬神气十足者，请不必劳神，安宁歇息。智慧聪颖情趣高尚者，将尊崇祖先由衷爱戴，效仿贤哲谋求和善，绝不贪婪一意孤行，尽心尽力永葆忠贞。

如此修史作诗之缘由则是吉祥佑怙仁钦贝曰："应以简括之义为大，晓示呈献之事，为使听者喜爱，故伊始当言众多事由。"迦湿弥罗学者达瓦恩噶亦云："无论何种书卷史册，无论何种论述，若不说明事由，谁人享用？"这虽说是从古传承之经典教诲，却也是世间五色四夷[③]民众必有之功德。为此，首先应知晓器世间的形成和情世间的生成；众生之中人类有了四大种姓；而四大种姓之中王统根源从何人开始,传袭几朝几代,间隔期间姓氏何以称谓;尤应知晓札惕[4]可汗孛儿帖赤那之可汗根源的原委。从而,上则光宗耀祖,下则遗传子孙。倘若如此,寿数将增,宗教将兴。故将此追溯可汗根源之书卷用蒙古语命名为“阿拉坦·脱卜赤”[5];印度语为“娑瓦罗那耶苏陀罗拿摩”[6];藏语为“色吉道希扎巴”[7]。诗云:在日出之方、蒙古之域,贤哲如林郁郁葱葱。倘若采撷美好语言的花朵,请把《阿拉坦·脱卜赤》捧在手中。以此为镶嵌诗,第一章终。

［注释］

① 南无佛陀耶,南无达摩耶,南无僧伽耶:在原文里为用蒙古字母拼写的梵语 namu budda ya. namu darma ya. namu sangka ya. 意为叩敬佛陀、叩敬佛法、叩敬僧侣。

② 可汗:蒙语,意为皇帝。

③ 五色四夷:《蒙古秘史》称说九种语言的人。《黄册》对此有解说:1. 或言,吐蕃金椅子王有子十人,为长之五子不曾分家产与五位弟弟,因而他们离去,成了五色之国;2. 或曰,孛儿帖赤那之后为青蒙古,其余者,一称白高丽,二称黄回回,三称红汉人,四称黑党项;此五者即五色,此之外,即四夷。《蒙古政教史》云:“自方五色之族者,系青蒙古、红汉、黑藏、黄撒儿塔兀勒、白高丽五族。异部四族者,系朱格台、女人国、左胸有眼之国、具狗头者之国四种族。”

④ 札惕:谢再善译《蒙古秘史》译为“外姓”,云“札惕”有外人、旁人之意。符拉基米尔佐夫云:除了本父系亲族以外,也没有婚姻关系的其他族之人被称为“札惕”。

⑤ 阿拉坦·脱卜赤:蒙语,字面意思为金纽扣。

⑥ 娑瓦罗那耶苏陀罗拿摩:梵语 sauvrnasūtranama 之音译,意为黄金史。

⑦ 色吉道希扎巴:藏语 gser kyi mdo shes bya ba 之音译,意为黄金史。

[译文]

兹斟酌史学家之规，言说在四大洲之中形成须弥山等诸界，生成众生，众生之中分离出四大种姓之事：久远时分，一劫波毁灭，过了二十个空劫后，因众生之缘分和众菩提萨埵修心之机缘，从极光净天到夜摩天，风起自十方，诸天渐渐以风而凝结。继而，大风发作而聚集，最终构成风轮。冷风聚集久远，和暖之气若同火的热焰充满空中，故极热之火轮构成。冷风与热火相遇，若同汗与潮，湿则聚集，构成水轮。此后，以风旺火，以火暖水，冷、热、湿三者相遇，生微尘并积厚，凝如乳上之脂，故构成土轮。

风、火、水、土四轮相遇之气，在空中生成云，则雨水注下，浸透四轮，沉积之水构成无边之外海。后又大风发起，海水荡漾，积五行之汁养构成了左为蓝琉璃，右为白晶石，前为红宝石，后为黄金，积四种珍宝为一体的崇峻之须弥山。须弥山外围有持双山、抽轴山、担木山、善见山、马耳山、象鼻山、持边山等七重金山，均以黄金构成。旁边的戈壁之地，积满清澈之水，形成七香水海。而海中拥有金色之洲，称之为乐园。而铁围山以七宝之最特异之铁构成。蕴积各种珍宝的四大之洲各包孕两小洲。须弥山四周则有十二洲。东方三洲呈半月形，南方三洲呈肩胛形，西方三洲呈圆形，北方三洲呈方形，均以珍宝构成。而被称为地醍醐[1]，味如蜜，性似油，色像白银的东西遍布诸洲。

那时，终结了天界之三生计的一天神寿终，而从极光净天之界转生于第一禅天之地。因它长于其他天人，如同从此天界寿终之诸天，大梵天、梵辅天、乐变化天、兜率天、夜摩天等虚空界之诸天，于后时生成了整个情器世界。又有从天界寿尽者，故居于须弥山，而被称为三十三天，四天王天部的诸天降生。再有寿尽者，故十二洲之人等众生转生。

其时，众生体态完美，器官、肢节完备而貌美，能遂意翱翔于闪亮的天空。享用喜乐之净食，无疾而寿长，与天界共长存。无日月星辰之实，无年月昼夜之数，无人

与非人之分，无男女主奴之别，只是包容于众生之数，尽情享受。而于后世，众生因业分化，嫉恨之孽业发生，天地人、三功德[②]等差异生成。《虚空地藏八圣经》有云："天地间，为人者独尊，在众生之上也，真挚也。何为心？不也修其乎？何为人？身事真挚，终生真诚，故称其为'人'也。知此者，知法，能够兴人与法，皈依而得高寿。"诗云：今生今世为人者，同是承受天命生，命定禀性无两样，修行差别各不一。以此为镶嵌诗，第二章终。

［注释］

① 地醍醐：原蒙文称作"γaǰar－un sim－e"，意为地之滋养物。醍醐，古时指从牛奶中提炼出来的精华。《红史》译作"地醍醐"。《大正新修大藏经》二十四卷《根本说一切有部昆奈耶破僧事》（下简称《破僧事》）卷第一中译作"地味"，在此根据《红史》译作"地醍醐"。

② 三功德：佛教名词。功德又分为微尘、黑暗、精力三者。

［译文］

彼时，众生享乐有余，一贪婪之人好奇地食用了地醍醐。其他众人也效仿而食之。于是，喜乐之净食与人自身之明光遂绝。因众生之缘分，出现了日月星辰，其光照明，并有了昼夜之别。继而，以此为据，撰著天文历法，得以明达之源。

其后，出现了味如蜂蜜、色像金色花、形似拌和之面，名称为地饼[1]的东西。众人食之后，原先的地醍醐遂绝。从此人们再不能够驰骋于天空，而坠落于地面，徒步行走。众生相互擒拿，用来骑坐，故而又出现贵贱之分。其后又一时，出现味如新熟蜜、色同雍菜花、形似植物，名称为林藤[2]的东西。食之后，原先的地饼遂绝，而以食之多少使相貌毁损，出现了丑美之分。因而，有了衣着修饰和梳洗打扮。再有一时，又出现味如蜜、绿色、四指长、形似种子的香稻[3]。食之后，那林藤遂绝。香稻随时可获取，却有一奸懒之人今日采收明日所食，众人效仿之。故使香稻逐渐稀少。而后，制造地之灵梨杖和车套，种植了香稻，生产出今日之稻谷。食其稻谷，先时的香稻又绝。因其稻性硬实，故滓秽于身，三垢[4]留于人体之内。由此出现男女性器和汗毛之孔，用以排泄其污秽之物和汗臭。于是，有了喷洒香气等清洗之事。其后又一时，有一姿欲之人，纵欲而事男女之交媾，众人皆耻笑之，又效仿之。因而，化生终，胎生始。因酿成羞耻，故穿衣裤，造房舍，以此遮掩，男女相互结为夫妻之礼成规。截至此时，被称为圆满劫[5]。正如汉人贤哲言称，伏羲创文字[6]，神农造梨杖，黄帝制衣裳。此乃最早三皇者。上述之事已成为悠久的历史。另外，他们在述说汉地之传承时言称：施政不可行时，施以手段；手段不可行时，施以功德；功德不可行时，施以仁；仁不可行时，施以俭；俭不可行时，施以仁义；仁义不可行时，则出现三皇；三皇之后出现五帝；五帝之后又出现三王；三王之后出现五霸；五霸之后出现四君；四君之后出现七雄等等。此等述说大体相仿，这可能是因诸汉人先师唯恐庸人之狭窄心胸盛不得圣人之学识而引发猜疑，故附和学堂孩童之量说教之。

圆满劫之后，又一时，众生迷于纵欲而事邪淫。于是，友情损，道义毁。有一心怀正直,纯朴善良之人,明辨是非,创立和睦之规,治理破裂之道。故众人将他推举为王,称其为众敬王。王统根源由此开始。

因事邪淫而另三善法留存之时代,被称之为三分时[7]。因胎生而人类繁衍,以至互不相识,发展到以血统联结之际,王下令将其分为五姓:土、金、水、木、火。其后姓氏数不胜数,规定同姓之间不得婚娶。又过一时,有一禀性霸道之人,偷抢庄稼,为非作歹。王下令设置庄稼之官人,以治作乱。官人之职,就这样从庄稼之官人开始。因事偷盗而另二善法留存之时代,被称为二分时。其后一时期,因姿欲而争吵,相互仇杀,故温良之礼治不得行使,严厉之刑法实施。刑法从此开始。因事杀生,唯一善法留存之时代,被称为一分时。此时,众人因恐惧刑罚而事妄语,故四善法俱损,进入斗诤时[8]。此时,诸种恶业兴起,诸洲呈现衰败,众多的土石、杂草、杂木生成。众生寿数减,疾疫与死亡增,受尽恶道之苦难。

那时,习文修智,拯救世界者,被称为婆罗门;甚或修炼,得其法力者,被称为仙人;不做孽,守道义,谋取生计者,被称为吠舍;乱杀生,食血肉者,被称为首陀罗。故有了刹帝利、婆罗门、吠舍和首陀罗四种姓。由此可知贵贱之别、道义、刑罚之从古传承之缘由。诗云:聪颖、仁爱者兴隆,勤勉、效忠者昌盛,民众爱戴施恩人,众敬立王扬其名。以此为镶嵌诗,第三章终。

[注释]

① 地饼:原蒙文为“γaǰar－un tosu”。《西藏王臣记》译为“地皮芽浆”,《藏汉大辞典》译作“地肥”,解释为远古时代可以充饥的一种不耕作的天然食物。此处依据《破僧事》译作。

② 林藤:原蒙文为“süy－e ǰimis”,在此依据《破僧事》译作。

③ 香稻:原蒙文为“salu”。《藏汉大辞典》译作稻谷;《西藏王臣记》《破僧事》均译作香稻。

④ 三垢:这里指屎、尿、汗。

⑤ 圆满劫:劫时分为圆满时、三分时、二分时、一时分和斗诤时。据称,圆满劫

时,人寿万年,是日食地饼及香稻等不耕之谷以度时日的年代。

⑥ 在这里应为仓颉创文字。

⑦ 三分时:佛教认为在此时期内的人们对四根本罪(杀生、偷盗、邪淫、妄语),只能做到不违反其中的三种。二分时、一分时以此类推。

⑧ 斗诤时:佛教认为,一分时逐渐结束后,世人作十不善,纵情享乐,战乱不断,这一时期称为斗诤时。也有一种说法认为人间的法、财、欲、乐,即道德、财富、享受和安乐四者之中只能具备其一的时代称为斗诤时。

[译文]

彼众敬王之子美光王，彼之子净善王，彼之子胜善王，彼之子长净王。此五王被称为初劫五天王。

长净王之子顶生王，彼之子端严王，彼之子近端严王，彼之子具端严王，彼之子极端严王。称此五王为五转轮王。

极端严王之后裔为爱乐王、善乐王、能舍王、极舍王、支车王、严车王、小海王、中海王、大海王、瑞鸟、大瑞鸟、香草王、大香草王、古沙王、近古沙王、大古沙王、善见王、大善见王、极爱王、大爱王、妙声王、大妙声王、作光王、有威王、广大王、广慧王、艳光王、有艳王、大有艳王等。

从爱乐王至大有艳王历经二十九代。大有艳王后裔于普陀罗迦城在位一百代后，由调怨王即位。彼之后裔于无斗城在位五万四千代后，由无能胜王即位。彼之后裔于波罗奈斯城在位六万三千代后，由难当难当王即位。彼之后裔于迦毗逻城在位八万四千代后，由梵授王即位。彼之后裔于象造城在位三万两千代后，由象授王即位。彼之子孙于削石城在位五千代后，由及时王即位。彼之后代于广肩胸城在位三万两千代后，由胜力王即位。彼之子孙于无胜城在位三万两千代后，由上胜王即位。彼之子孙于妙童女城在位三万两千代后，由胜军王即位。彼之后裔于赡婆城在位一万八千代后，由龙天王即位。彼之子孙于末利城在位两万五千代后，由人天王即位。彼之后裔于多摩栗坻城在位一万两千代后，由海天王即位。彼之后裔于欢喜城在位一万八千代后，由善惠王即位。彼之后代于王舍城在位两万五千代后，由除暗王即位。彼之子孙于波罗奈斯城在位两万代后，由大帝军王即位。彼之后裔于拘尸那城在位八万四千代后，由海神王即位。彼之后代于普陀罗迦在位一千代后，由修行王即位。彼之子孙于拘尸那城在位八万四千代后，由广面王即位。彼之后裔于波罗奈斯城在位十万代后，由地主王即位。彼之子孙于无战城在位十万代后，由持大地王即位。彼之后代于弥耻罗城在位八万四千代后，由大天王

即位。彼之后裔仍于弥耻罗城得益于仙道，由你弥王即位。你弥王后裔有坚、大众、佉努、近佉努、有佉努、极佉努、善见、正见、闻军、法军、悟了、大悟、悟军、无忧、离忧、续果、善合、大声、黎明、方主、斗战、能乐、庆喜、镜门、能生、普生、最胜、饮良、难胜、极难胜、安立、善立、大力、胜大立、善慧、胜坚固、十弓、百弓、九十弓、胜弓、妙色弓、坚弓、十镘、胜镘、百镘、九十镘、妙色镘、牢镘等。从坚至牢镘历经了四十八代。诗云：自古到今诸贤王，事业福祉皆兴盛。不是王统世家人，更当仁义尽忠心。以此为镶嵌诗，第四章终。

［译文］

牢镬之后裔于普照城在位七万七千代后，由果仙王即位。彼之子龙护王。彼之子孙于波罗奈斯城传承一百代后，由讫栗枳王即位。此王在位时，迦叶佛从婆罗门转生。讫栗枳王在迦叶佛面前发佛心、祝颂、言行纯洁，殁后转世于兜率天。讫栗枳王之子善生王，彼之子孙于普陀罗迦城在位一百代后，由耳生即位。彼之长子乔答摩自幼做黑脸仙人，后出家，在普陀罗迦城边结草舍而居。彼之次子婆罗堕阇即位。

那时，在普陀罗迦城有一名叫作莲亲的汉子与一名叫作招贤的淫荡之妇寻欢作乐，给予了华丽的衣冠。另外，又有一名汉子带着五百迦利沙钵拏[①]到那妇人处，欲与之作乐。而那招贤指使佣女到莲亲处说道："我现无闲暇，暂且待一会儿再去。"于是，那汉子多次享用招贤。招贤再次遣使佣女到莲亲处说道："我一会儿便去，在哪个庭院见面？"莲亲问道："先前说一会儿就来，为何如此缓慢？"那佣女谗言道："因另来一名汉子便如此。"那莲亲不禁恶意发作，言道："让那妇人前去如此这般庭院。"便在那里等候。半夜过后招贤去那庭院，莲亲怒吼道："穿着我华丽之衣冠，为何与后来之汉子共枕作乐？"招贤下跪求饶道："索取迦利沙钵拏是我的过错，请饶恕。"莲亲怒而拔剑将招贤砍得大吼。砍死后将带血的剑扔在乔答摩草舍附近，逃遁。守卫更夫闻声而来，见招贤被杀、乔答摩草舍旁边又有遗弃之剑，就将乔答摩逮住去见婆罗堕阇。婆罗堕阇脱口说道："拿下这违犯礼法之出家人。"于是，戴有瑞香花、穿着黑袍子的刽子手便把乔答摩押进牢房。有黑脸仙人闻讯后忙赶来问道："孩儿何如？"乔答摩答曰："注定如此。"仙人问道："孩儿，你着实未杀招贤？"乔答摩曰："我辈清白也。倘若清白，愿邬波驮耶黑颜变作金色。"结果，其脸果真立即呈现金色。由此，他以金色仙人称扬于世。仙人曰："王统家世若无子嗣不妥也。你是否有子嗣？"乔答摩曰："自幼出家，未曾娶妻，何从得子？"仙人曰："倘若如此，应念过去淫欲之事。"乔答摩曰："我辈受酷刑，伤处极酸痛，疲惫不堪，

唯念舍命,如何更有余想?”叙到此时,刽子手们便吼道:“为何如此多言?”就赶走了仙人。诗云:原本恪守忠义者,昏君误惩冤枉之。虽说注定该如此,却也怀满腔委屈气。以此为镶嵌诗,第五章终。

[注释]

① 迦利沙钵拏:一种货币名称。

[译文]

仙人去了之后,变换神力之乌云,降临大慈之甘露,使得乔答摩心襟安宁。乔答摩奉仙人之命,念往昔淫欲之事,遂有两滴精血,从身落地。有说四种不思议之事[1],因众生业力不可思议,故两滴精血,便成两卵,其卵得日光暖故,渐渐成熟,各生一童子,走进了附近的甘蔗园。而他们无论如何也是乔答摩的两个儿子。

乔答摩寿终后,仙人前来看望,将其遗体处置。仙人从甘蔗园中带出乔答摩之两子,并为其命名:因受阳光煦育,此种为日种,复缘乔答摩体胤,故为长子取名为身生。由于是从甘蔗园中得来,故为次子取名为甘蔗种。

婆罗堕阇无子嗣而殁,众人皆悲哭其普陀罗迦国王子嗣断绝。有一大臣道:"乔答摩两子如今皆在金色仙人之处,可请他们来继王位。"普陀罗迦城众人听后皆大欢喜。从金色仙人处请来乔答摩之两子,拥立身生为王。而他无子嗣故去。后又拥立甘蔗种为王。彼之后裔于普陀罗迦城在位一百代后,由增长王即位。彼之子为火炬面、大耳、象行、宝钏等四人。其后,增长王之夫人故去,便向异国军将王之公主求婚。那国国王道:"若拥立我女儿所生之子为太子,便将女儿许配与你。"增长王道:"我有四子,没有理由立后夫人之子为太子。"臣僚们道:"王为何如此细致,无论后夫人生男生女、生与不生,均答应立太子即可。"其后,此夫人生一子,臣僚们顾及该子未出生便欲求王位,故为其取名为爱乐。

那时,军将王令使者持书告知增长王道:"要拥立我外甥为太子。"增长王听后不悦。他的群臣议道:"若不拥立爱乐为太子,彼之国王必将入侵,危害我臣民。还不如用计离间前夫人四子。"故将一花园修葺一新,配备诸种华丽的娱乐玩具。因而,四王子带头,众亲族公子、公主均到花园,见到众多之娱乐玩具,高兴得欢声迭起。增长王向来脾气不好,且不喜喧闹,便下令制止那帮孩童。众臣却怂恿之,送去水果食物等,谎称是增长王的赏赐。于是,那伙公子、公主更加快活热闹,聚集联欢。增长王恼怒,问道:"这是为何?"众臣禀报道:"四王子不从。"王大怒斥道:

“放逐之。”便把四个儿子及他们的姐妹流放到冈底斯雪山旁边的恒河畔。孩童们到那里后，在一个叫作迦毗罗的仙人住所旁各自以茅草为屋舍而居住，在冈底斯雪山上以捕猎为生。日久年深，他们均长到青壮年。因旺盛之欲念受损，女孩子们变得面黄肌瘦、渐加憔悴。仙人见到此般情景道：“孩子们，为何不结亲?”孩子们答道：“我等皆互为亲戚。”仙人问道：“怎么不与异姓者婚配?”答曰：“我们被父王放逐到此，臣民不敢把女儿许配与我们，也不敢娶我等之女辈。”仙人道：“人无亲戚索链不可，你等可娶自家之远亲。”孩子们问道：“均是同姓可娶否?”仙人道：“若是其他时候不可，如今你们被放逐，此时便可。”孩子们认为仙人之言有理，便娶远亲之女为妻。随后，生儿育女，不免起喧嚣之声，妨碍仙人修行，遂迁居仙人所指的一座旧城，起名为迦毗罗城。

其时，增长王得知被驱逐之子如此这般，便拍着膝盖感叹道：“哎！我之子，大能！大能！”此后，那伙孩子被称为大能之根源，成为释迦世族[②]。那些孩子谈起往事，都怨恨道：“我等被逐，不得结亲，同姓婚娶之弊端的根源，则是父娶后妻之缘故。以后，若我等生儿，便不娶后妻。”并以此为法度。从那以后，至净饭王未娶后妻。诗云：暴王糊涂驱逐孩儿，仙人善意成全小辈，扶助恰逢被驱之期，若在它时定成浪人。以此为镶嵌诗，第六章终。

［注释］

① 四种不思议之事：佛教名词。一者诸佛境界不思议，二者龙不思议，三者世间心意不思议，四者一切有情业异熟力不思议。

② 据《破僧事》卷二载，当增长王驱其大夫人之四子去雪山后，四子繁衍发展。增长王闻讯后，“端坐举手告诸臣曰，我子大能，我子大能，由大威德言大能大能故，得释迦名。”“释迦”一词为梵语，意为“能”、“敢”。后变成该族族名。净饭王之子释迦牟尼，“释迦”为族名，意为“能”，“牟尼”意为“仁”，故“释迦牟尼”意为“能仁”。

［译文］

据传，普陀罗迦城增长王卒后，立爱乐为王。爱乐无子嗣而崩。于是，拥立增长王之季子宝钏为王。《俱舍论》云："迦毗罗城之释迦族繁衍增多，在此城无可容纳之时，他们另找一城分离而去。认为该城是天赐之恩惠，便命名为天示城。"可见，释迦世族人数不少。宝钏之子孙后裔于迦毗罗城传承五万五千零一十四代后，由净饭王即位。彼之长子悉达多[①]便是释迦牟尼佛。彼之独生子罗睺罗自幼出家。与净饭王同代的释迦族王有：舍卫国之主梵授王，王舍城之主大莲花，骄赏弥国之主百军王，乌仗那之主木举塔耶王。其中骄赏弥国之主百军王之最小之子为夏巴，与佛陀生于同代同年也。

虽说，情器界的生成，王统根源传承几代，何时在这世间即位、繁衍等等，如此这般，但这是仅以庸人之智慧不得而知的事情。除圣者目犍连外，还有哪位贤哲能够阐明之？虽说佛陀肯定是出生于这世间的某一年，但任何一位贤哲也无法阐明一霎时显灵千万的福体之出生年。而历算家伦珠嘉措对神圣之年加以证实，以授记断定为庚申年。据史学家之规，他们赞同佛陀出生年为古代周国赵王二十六年，即甲寅年之说。以此推算，从那甲寅年到这清朝乾隆三十年，即乙酉年，以过去四十六个甲子[②]零三十二年。

再说，从宝钏到第五万五千一十五代的夏巴。彼之一子，生有一副恶兆。当时的占卜者说该子是天鬼转世，便把他装在匣子里，弃入恒河之中。舍卫城一老翁拾到后将其抚养，取名为茹哇杰。那孩童长大后，听到先前之事，逃离舍卫城到印度东部孟加拉地方居住。从他开始传承至第七代时，一商主到吐蕃，占领其雅隆地方，做了一名小王。虽说吐蕃多数史学家称他为聂墀赞普，但在《青史》里出现的光军想必是他的称谓。又因在《青史》里说道，先前的十二个王均为小王。可见是从光军起始，即位十二代后，到第十三代，出生了禳灾的菩提萨埵化身聂墀赞普。他被推举为道士等十二贤哲之首，成为占据吐蕃全体臣民之大王。因道士们信奉

上天，故珍视此事。而称赞后世为奇异的吐蕃人，或许是将其夸张了。故有吐蕃史学家称聂墀赞普是从天而降。

聂墀赞普之子穆墀赞普。穆墀赞普之子丁墀赞普。丁墀赞普之子索墀赞普。索墀赞普之子美墀赞普。美墀赞普之子达墀赞普。达墀赞普之子斯墀赞普。他们驰名为天座七王。据说，他们卒时成为流星在天际消逝，故没有陵墓。这大概是因为当时没有公开出殡而秘密安葬之缘故。

斯墀赞普之子止贡赞普，他被一位名叫洛昂的大臣杀害。洛昂将其遗体弃入工布河，篡夺其王位。止贡赞普的三个儿子夏墀、聂墀、恰墀从动乱中逃出，至工布地方，以乞讨为生。洛昂娶止贡赞普王妃龙王之公主。

被弃入河流中的止贡赞普遗体，后流到工布河之拉图，无人拾取③，龙女将其悄悄接来藏于仓屋里。后又招来香波地方官吏奎宿，让其将洛昂擒拿正法。再将王的遗体从仓屋里抬出，于青域阿塘建立陵寝。派员寻找三个儿子，找到次子聂墀，拥立为王。拥立当日，天空中云彩聚积，龙声发起。此声发出“布代贡杰”之音，便为王封号为布代贡杰。此王在位期间建有一城，将其命名为青昂达孜堡。布代贡杰卒后，将其遗体安葬于石山山岩。止贡赞普和布代贡杰被称为二前王而显扬于世。诗云：除掉暴戾臣僚，全然安抚百姓。龙女虽是妇人，可也胜似男子。以此为镶嵌诗，第七章终。

［注释］

① 悉达多：在《破僧事》里称之为薄伽梵。

② 甲子：用干支纪年或计算岁数时，六十组干支字轮一周叫一个甲子，即六十年为一个甲子。

③ 这里参照《汉藏文字》（上册，94 页）译作。转引自《新红史》（西藏人民出版社，1984.4，139 页）。

［译文］

布代贡杰之子阿肖列。阿肖列之子依肖列。依肖列之子代肖列。代肖列之子古茹列。古茹列之子仲杰列。仲杰列之子托肖列。他们被称为“六中列”而闻名于世，其遗体均安葬于岩山与草山之间。

托肖列之子杰萨纳木森代，彼之子代朱纳木雄赞，彼之子斯虐纳木代，彼之子斯虐波代，彼之子代虐纳木，彼之子代虐波，彼之子代结波，彼之子代珍赞。他们被称为“八地代”而闻名于世，其遗体均被安葬于河流之中。

代珍赞之子多日隆赞，彼之子墀赞纳木，彼之子墀扎绷赞，彼之子妥杰妥赞，彼之子妥妥日年赞，他们被称为“赞字五王”而闻名于世。其遗体均安葬于止贡赞普陵寝所在处。

普贤之化身妥妥日年赞四十岁时，一日王于永布拉岗宫里就座，一方士显神通而从印度到此。方士将《诸佛菩萨名称经》《宝箧经》及《六字真言经》和一座金塔呈献于王，并言道：“由此到第五代时方可被认知。”言罢便离去。彼时对于献来之物，虽不懂其意，但崇拜其神奇，称之为玄秘神物，供奉之。妥妥日年赞寿增至八十岁。吐蕃人言道：“妥妥日年赞八十岁时，因供奉从天而降的偶像，寿增四十，活至一百二。”

妥妥日年赞之子墀年松赞，此王遗体安葬于敦喀达河。墀年松赞之子仲年代如，其妃为琛萨氏之女陆江安甫。王用经膳那天，奉上油炸蛙肉。王妃见此厌腻，故身染鼠疮，并传染予王。其时，王妃有了身孕，生一男儿，眼睛却是闭着的。王为其子取名为穆隆衮巴扎。王与王妃染病多时，濒临绝境。父王给穆隆衮巴扎降旨道：“拿出金子般的善心吧，倾听甘露般的好言语，消除一切猜疑偏见，侍奉所有臣民百姓，祭祀这祖宗亲近之玄秘神物，要从阿夏地方[①]请医治眼。倘若你的眼睛医治不果，就到松巴地方去。那里有我与一苯教徒之妻，汉人女性所生之子，名为松日容波，就请他来做兄为王。”随后又让在香达河畔建立陵寝，王与妃活生生而进

入,殁于其中。吐蕃史学家言,因未曾公开玄秘神物而隐藏之,故王与王妃染病,生了闭眼孩儿。这似乎是没有称赞玄秘神物之益处,却言论了它的危害。诗云:因有宏业积贤德,却遇借故诬陷者。庸人适宜狡诈语,智者理应设提防。以此为镶嵌诗,第八章终。

[**注释**]

① 阿夏地方:又写作阿柴,即吐谷浑地方,见《汉藏文书》上册,82 页。

[译文]

据传,穆隆衮巴扎从阿夏地方请医治眼,使眼睛睁开。他首先看到吉雪达莫山上的公盘羊等野兽,故取名为达日年斯[1]。其遗体安葬于墀年松赞陵寝旁。此前三王被称为“年字三王”。

达日年斯之子囊日松赞。他在位时,即隋朝开皇十八年,戊午年间始,汉地一些优良的历算家和医师到吐蕃。尤其,隋朝仁寿元年,即辛酉年开始文人、官吏至吐蕃者数不胜数。而吐蕃得这般贤者、官吏后,行功德智识,兴盛光景从此开始。

囊日松赞遗体安葬于达日年斯陵寝之侧。囊日松赞王之子松赞干布。他的出生年、即位年、与文成公主联姻年和建筑拉萨之年均被称为丑年。但将其五行生辰和年岁与唐朝年时做对应估算,松赞干布则生于隋朝开皇十三年、癸丑年。乙丑年,十三岁,其父尚在时即位执掌朝政。后收复边远诸王。以为执掌朝政则文字乃是一切德行之根基,便令其臣屯米桑布扎创造吐蕃文字。屯米桑布扎自幼接受汉人李谨[2]等良师教诲,精通儒学。并从印度人释迦栗扎迪处学得兰扎、乌尔都文字,且大抵知晓了印度语言。他以印度文字为样板勾勒出名为行书、楷书之两种文字样式,创造了用于言语的三十个字母,四个元音和关于文法的八种论典,呈献于松赞干布王,使得吐蕃人学得最初文字。制定禁令,惩戒昏庸、冒失、邪谬之举。此外还制定了十六项正净的做人法规,即孝敬父母、推崇才学、尊重长者、常表亲情、辅助邻里、信奉上天、消除邪念、坚定诚意、效仿良臣、节衣缩食、恩将恩报、概不作假、平等待人、不偏妻儿、和语哲言、磊落大度;并印以王玺,传布于世,黑暗的吐蕃如同太阳升起。屯米桑布扎又因知晓佛法,便奉王谕至印度,从班智达拉日巴僧格处学来了智识功德,并将视为玄秘神物而供奉的经卷译成吐蕃文,悟出其道。

由此,王接受信奉三宝[3],禁戒十恶罪[4],信守十善业[5]等佛学说教,松赞干布被誉为观音菩萨的化身而闻名遐迩。诗云:难民遭罹灭顶之灾,菩萨做主扭转乾坤。诸王无别、法王有恩,接受教化,乃众生之良缘。以此为镶嵌诗,第九章终。

[注释]

① 达日年斯:据《新红史》载,墀年松赞之子仲年代如。此王有一天生盲子,王对盲子遗嘱道:“供奉先祖之‘年波桑洼’;延请医生,眼开之后即可执政。”王子遵从父王之嘱行事,因此睁开双眼,由于见到达日山之羱羊,故称其为达日年斯王。《藏汉大词典》解释:此王生而盲,经由吐谷浑延医治愈。最初开眼,即见拉萨河下游达莫山上的盘羊,故名。

② 汉人李谨:《红史》作印度堪布李敬,《新红史》称印度婆罗门李瑾,《西藏王臣记》亦称印度婆罗门勒敬(音译)。

③ 三宝:佛教称佛、法、僧为“三宝”。

④ 十罪恶:佛教名词。与“十善业”相对,指佛教所说的十项罪业,即 1. 杀生;2. 偷盗;3. 邪淫;4. 妄语;5. 两舌;6. 恶口;7. 绮语;8. 贪欲;9. 嗔恚;10. 邪见。

⑤ 十善业:佛教名词,与“十罪恶”相对,指佛教的基本道德信条。属于身业的有三:不杀生、不偷盗、不邪淫。属于口业的有四:不妄语、不两舌、不恶口、不绮语。属于意业的有三:不贪欲、不嗔恚、不邪见。

［译文］

松赞干布王娶了名为蒙萨墀姜、茹雍洁莫、香雄黎梯缅的三位夫人，却缺少子嗣。王四十一岁，岁次癸巳年，蒙萨墀姜生一子共日共赞，夫人却去世。岁次甲午，王派臣向唐朝太宗皇帝求其公主。唐太宗未允。为此事，一时间进军唐国。是年，囊日松赞殁，松赞干布王行五种仪式，并服丧三年。

岁次戊戌，王派使臣至尼泊尔，求其公主。又派二十万军队，进攻大唐，占领至松州地方。唐太宗派吏部尚书侯君集，应诺遣公主来。己亥年，取尼泊尔王墀尊公主。迎来其护法帝释天的、必什嘎尔玛匠人制作、佛亲自开光的释迦牟尼八岁身量的佛像，以及迦叶佛开光的弥勒佛转法轮像，天然成就的旃檀度母等。岁次庚子，派王之亲戚、臣嘎尔东赞到汉地求婚。岁次辛丑，王四十九岁时娶唐太宗文成公主，并请来她的护法帝释天的、必什嘎尔玛匠人制作、佛亲自开光的释迦牟尼十二岁身量的佛像，镇压地凶之经籍宝箧及如意宝等。在此之前，吐蕃有面染红色之习俗，文成公主厌恶之，故将其禁止。从而开设学堂，给子弟、官吏、兵丁、臣民教授四书经典，使吐蕃人恶劣之禀性渐渐消除，礼俗教养逐步兴起。

五十三岁时，为共日共赞娶妻，并让其即位执掌朝政。岁次庚戌年，共日共赞之子芒松芒赞出世。共日共赞卒后，将其遗体安葬于囊日松赞陵寝之旁。松赞干布五十八岁时，再次即位。六十一岁，癸丑年尼泊尔、汉二位公主建筑拉萨大召、小召两大寺，分别安置并供奉二尊者佛像。岁次壬戌，松赞干布七十岁时，融于观音菩萨之胸中。将其遗体请至琼结索达安葬。

从此壬戌年至五百年后的壬午年，成吉思汗方才诞生。但一些昏庸之蒙古人胡说：成吉思汗曾进军松赞干布。更有甚者胡诌：成吉思汗将松赞干布杀戮，娶其王后，那王后用剪刀伤害其阴部，故成吉思汗卒。这真是无畏无耻，愚蠢至极的无稽之谈。

且看如今时分，傲慢无能之辈，凭藉阿谀奉承，获取官衔权势，对上谄媚迎合，

对下逞凶刁难。沿袭肮脏恶习，行使逆向之举，践踏正义德行，玷污纯洁灵魂，掩盖倒行逆施，神态倨傲凌人。只在瞬间时分，便能千变万化，如同饿虎捕食，酷似狡兔翻滚。探其德行如何，看得一清二楚：口吐甜言蜜语，腹藏小人毒计，满嘴花言巧语，心怀丑恶鬼胎。通常吾辈蒙民，满腔愚鲁傲气，固执倔强至今，形同鸟类兽群。当今尊贵百姓，倘若改变禀性，后代列子列孙，定能兴旺昌盛。诗云：应请智者享宝座，唾骂歹人占尊位。首顶礼帽理应当，皮靴岂能上头颅。以此为镶嵌诗，第十章终。

[译文]

由此，拥立其孙芒松芒赞为王。岁次甲子，忠臣嘎尔东赞卒。岁次乙丑，王娶后。岁次庚午，吐蕃臣僚商谈后，进军大唐，占领汉地疆土。岁次壬申，堆松芒波杰出世。岁次己卯，芒松芒赞卒，其遗体安葬于共日共赞陵寝之侧。堆松芒波杰八岁即王位。岁次庚辰，文成公主卒。

岁次己丑，武氏太后之军队至吐蕃讨伐时，秽积金刚像身放出神变兵马[①]，为吐蕃军队助威，汉军胆战心惊，逃遁。从此以后，吐蕃与汉地时战时和，时胜时败。

王有琛萨氏妃赞姆朵格和姜氏妃姜谟墀准二位。岁次丙申，姜氏生姜察拉本。是年，派使臣到唐国为该子求婚，唐武氏太后遣臣高殷[②]应许。岁次丁酉，琛萨氏生墀德祖赞。岁次癸卯，堆松芒波杰殁于军中，将其遗体安葬于芒松芒赞陵寝之旁。吐蕃史学家误将墀德祖赞当姜察拉本之父。其实，墀德祖赞是大妃之子，且年小一岁。姜察拉本是小妃之子，且年长一岁。如墀德祖赞是姜察拉本之父，怎可在其后娶公主为妻？且年岁不相符。因此，姜察拉本与墀德祖赞本是弟兄俩。

岁次己酉，将臣墀桑扬顿之女嫁予姜察拉本。迎娶后，姜察拉本却不纳，弃之。因此，臣墀桑扬顿怀恨在心。因先前得到武氏太后之许诺，姜氏妃子遣使者到唐求婚。太极元年，即壬子年，唐中宗从皇室中将王女封为公主，将金城公主送至吐蕃。姜察拉本获悉公主已至临近之处，便乘马起程，迎接公主。仇人墀桑扬顿设法让姜察拉本摔下马来，将其杀害。将姜察拉本之遗体葬于姆惹山上。彼时，公主顿觉不祥之兆，心里不悦。言道："为何遭遇这般不祥之兆，不悦之事？为何许配如此遥远之异乡？不管如何，最终还将以业为报。且不急赶路，就地歇息。"言罢，便就地驻扎。几日后，吐蕃迎亲者到达，也听到了那般灾难。公主与其会面后，大为心酸。彼时，姜察拉本之弟墀德祖赞十六岁，是年，娶了臣香雄纳南之女。金城公主到吐蕃后，便与墀德祖赞联姻。在堆松芒波杰卒后的十年里，巨墀桑扬顿执掌朝政，最终谋害主子，导致动乱引发。金城公主鼎立收拢臣僚，拥立墀德祖赞为王，终将奸

臣予以正法。顿时,吐蕃上下喜惧交加。

先前,武氏太后进军之丑年,将释迦牟尼佛像隐藏,另立一座雷同佛像,已过二十四年。金城公主寻觅释迦牟尼佛像一事,吐蕃人一直未察觉。公主取镜卜卦,便得知其所在处,就把隐藏在黑暗中的佛像从神变寺南镜门内寻出,供奉于拉萨寺,将不动佛像供奉于小召寺。继而清理和修订政规法规,吐蕃人欣喜崇拜。请教文成公主经论、天文历法、星名数术、医学等多种学问,谨遵其舍取事项。故天地欢,硕果结,国与民富,礼与义兴。如同太阳升起则灯光显暗淡,那等智慧低弱者,在其威风面前败北,声望不存,故争风妒忌,怀恨在心。诗云:贤哲之子,无甚功德,贤哲无过,野者为之。根除狠毒的歹人之心,吉祥福寿则永存于此。以此为镶嵌诗,第十一章终。

[注释]

① 在这里参照《西藏王臣记》译作。

② 这里为音译。

［译文］

唐玄宗开元六年，岁次戊午年，墀德祖赞王外出打猎之际，公主生一男婴。此前，吐蕃妃生一女婴。吐蕃人施计以女换男，假称此女婴为公主所生。王无从辨认。在吐蕃人口径一致的话语面前，公主心情烦躁，借口宿疾复发，搬出宫殿，住进茅屋，苦行修炼文殊菩萨之法。故而，恶人谗言挑拨，王也鲜有召见。吐蕃举国礼仪、功德变得生硬，恶人歹民为所欲为。于是，上天怒、地动摇、山崩海哮、江河洪水泛滥，天上日月发昏，地下灾荒不断。如此罹难之际，黑吐蕃人言道，此公主损坏了我等吐蕃人之吉祥好事所至。

后为该男婴取名为墀松，号德赞。岁次丁卯，墀松十岁时，举行仪式之宴。墀德祖赞王指着盛满稻子酒的盅子，降旨予他道："将此酒献予你舅。"墀松就把酒献给了汉人李氏，并言道："我墀松德赞是大唐皇室外甥，不是香雄纳南之外甥。故敬李氏舅父一盅酒。"王与众臣见状，无不认定他是公主所生之子。公主见状欣喜，言道："我因前世之业果漂泊于吐蕃地方，你可是大唐公主我之儿墀松德赞？"那年，风调雨顺，五谷丰登，牲畜兴旺。故吐蕃人又言，公主修行，恢复了吉祥好事所至。

岁次庚午，墀德祖赞三十三岁殁，将其遗体安葬于姜察拉本陵寝之旁。拥立十三岁的墀松德赞为王。是年，唐玄宗派臣皇甫氏惟明为公主送福禄。同时，吐蕃也遣尚喜等四位臣僚到大唐朝廷谢恩。尚喜到汉地后，叩见皇上，并向精通占卜的一和尚叩问悬记。那和尚富有预见力，对尚喜道："早先大师授记称，在红脸人地方有位传播佛法之菩提萨埵，可曾是你。印度的堪布希瓦措则是吐蕃之弘扬佛法的护法堪布，除此人外，谁也不辅助。"尚喜上奏唐玄宗，请来《毛诗》《春秋》《礼记》等礼政书卷千余套，邀一位和尚遣送。他们刚到吐蕃，公主卒。那和尚让公主口含珍珠，行以汉礼。并对臣色朗道："公主将转世为你的儿子，请好好照料。"言罢便走。后来色朗之妻果真生一口含珍珠的男婴，便对和尚预言之真切无不钦佩。色

朗将书卷送至芒域迦温弥罗阿难陀处翻译，遭到臣玛香仲巴杰制止。那时，因王年幼，玛香仲巴杰摄政。尚喜躲避玛香仲巴杰去了芒域地方。此时，玛香仲巴杰道："先王享年寿短，吐蕃吉祥不存，这般灾祸的缘由是兴汉礼事法之故。"便将诵经院捣毁，埋释迦牟尼佛像于沙土之中，将拉萨寺做了屠宰处。当驱逐汉人和尚时，老和尚的靴子丢失而被遗留。那老和尚道："吐蕃定能兴教矣，善哉。"隐约听到此番话的一些人言道，留下和尚的靴子在这里，便多了意愿混杂者。此言者一定是玛香仲巴杰的友人。诗云：如今蒙古，某些官人，鄙视百卷，独尊藏经。威力当时似乎颇大，恐怕将来两手空空。以此为镶嵌诗，第十二章终。

[译文]

彼时,臣纳囊·杰塘拉坝突然殁于雷击,臣厥若·杰让嘉廊也因身体枯瘦而死。有占卜者云:"祸起于佛像被埋沙土之中。"因此,又把佛像掘出,送至芒域吉仲城之人。

臣色朗从芒域前往印度,朝拜供奉大菩提道场及那烂陀寺院,并从尼泊尔地方恭请堪布希瓦措来到芒域。堪布见到尚喜言道:"早在迦叶佛教中,此王、你和我三人是一挤牛奶妇人之三子,有缘在吐蕃地方传教。我此次转世以来,王还未降生,你还法。因此就将过去和尚说的话和如今堪布说的话禀告于王。"王谕道:"你先隐瞒此事,且等我与二位臣僚商量。"于是就同香·娘桑、桂·墀桑二人商量。香·娘桑道:"如今玛香仲巴杰权势颇大,且对佛法凶惨。有他在,唯恐此事不成。"桂·墀桑道:"施以计谋即可事成,请为我助一臂之力。"由此,桂·墀桑多方接近玛香仲巴杰,给予厚利、美色等无数好处,博得信任。最后施设了为他建造地下居室之计,将他活埋于酣睡之中。

尚喜将堪布从芒域请至拉萨下榻。王派迦湿弥罗阿难陀询问堪布:"你的教法如何?"回道:"斟酌情况,适宜则成就之,不适宜则舍弃之,均为教法也。"迦湿弥罗阿难陀禀报王道:"所言正直,可请也。"于是,王将堪布请至宫中,让迦湿弥罗阿难陀做中间人,听他们讲诵十善业、十八界[①]、十二因缘[②]等,直至四月。从而,惹起鬼神之嗔恨,洪水冲垮旁塘宫,雷电击毁红山宫,人畜均染疾患。于是,造孽的吐蕃人言道:"这般灾害缘由规范师之法事。"彼时,堪布暗地上奏王曰:"王之祖上虽建造庙宇,翻译佛经,但鬼怪神魔始终未得驯服,致使先前几位王享年寿短,佛法时常遭难。如今的口角也同样由此发起。瞻部洲有一密宗咒师,叫作邬仗那贝玛炯乃,即莲花生大师。他能降服这鬼怪神魔。倘若在与王同建喜绒喀学塔之时,将他请来,王便可成就心愿。"言罢回芒域。王将此奏疏当作自己的意愿,谕道:"请莲花生来。"并派臣纳朗、多杰堆炯前去邀请。使臣上奏莲花生大师准时到达,并显现

神通而来。王在贡塘地方与其会了面。在此莲花生大显诸种神通,王与诸使臣看后,欣喜邀请。以王为首的众臣僚喜迎大师。

堪布也从芒城前去,王、大师和堪布从吉仲城请来释迦牟尼像,供奉于拉萨。莲花生大师降服了一切八部鬼神,令他们立下誓言,制定诸神所喜的祭祀物品,又说出了镇服凶神的歌词,在虚空作金刚舞,并加持大地。王穿着崭新的绸袍,手持黄金锄,掘地尺余深,出现白、黄、红三色土壤,土味甘美,王、臣民看后皆欢喜。

堪布效仿印度的阿丹达布日寺,指定庙宇之模型:有主刹、须弥山,十二洲,日月二殿,铁围山四隅建有四座佛塔,四扇大门各竖立一石碑。这般建成宏大之庙宇,塑造佛像,使之美观。此庙始建于己卯年。竣工于壬午年。大师与堪布开光之时,诸佛起居与行走均能看得见,马头金刚像也三次发出马嘶声,呈现吉祥之征兆。庙名为桑耶,其声望与世共存。彼时,王与臣民均穿起新且美的衣服,事祭祀,其供物如海,数不胜数。琵琶声和美妙的歌声汇成一片,乃至欢乐舞蹈铺天盖地,博得上天之喜好。故太空升起祥云,天降甘露挂彩虹。诗云:转轮王、菩提萨埵,其政教,昌盛兴旺。不败佛教光临于此,更何言天人这般汇聚。以此为镶嵌诗,第十三章终。

[注释]

① 十八界:佛教名词。以人的认识为中心,对世界一切现象所做的分类。其中包括能够发生认识功能的“六根界”,即眼界、耳界、鼻界、舌界、身界、意界;作为认识对象的“六境界”,即色界、声界、香界、味界、触界、法界;以及由此生起的“六意识界”,即眼识界、耳识界、鼻识界、舌识界、身识界、意识界。

② 十二因缘:佛教名词。为佛教“三世轮回”的基本理论。包括无明、行、识、名色、六处、触、受、爱、取、有、生、老死等十二个部分。1.“无明”缘“行”;2.“行”缘“识”;3.“识”缘“名色”;4.“名色”缘“六处”;5.“六处”缘“触”;6.“触”缘“受”;7.“受”缘“爱”;8.“爱”缘“取”;9.“取”缘“有”;10.“有”缘“生”;11.“生”缘“老死”。佛教修行之最终目标,在于摆脱所谓十二因缘之束缚,跳出“三世轮回”的范围,此即“涅槃”。

［译文］

岁次癸未，请来印度一切有部的十二比丘，探询吐蕃人能否剃度出家。结果，巴色囊、白若杂纳、杰瓦却央、昆禄旺波、巴墀斯、仁钦却、杰瓦绛曲等七人在堪布希瓦措跟前出家。由此，僧侣比丘逐渐增多，从事翻译、说教、聆听经论之事宜。莲花生大师向与佛法有缘分的人们授予秘密金刚乘灌顶，以便超度。并向伯哈明王祈祷托付，让他们成为神。据说，一时间因造孽的吐蕃人谗言，莲花生大师从吐蕃起程，乘马至芒域，再从那里起程，于空中飞行，至南方地方威慑妖魔。也有传记称，他活至穆内赞普、穆底赞普时代。对于来、去、存均自如，且神通广大的方士之事，恐难深究。

堪布希瓦措卒时遗嘱："莲花生曾示谕于吐蕃诸土地之主，虽说无异教，但佛教也有派别，将分离争斗。彼时，若邀请我之弟子噶玛拉希拉，他将以佛法平定争斗。"他卒后，从中原地方传来"顿"、"渐"之理[①]，其教徒遍布。王记起堪布希瓦措之旨，便从印度将噶玛拉希拉请来。噶玛拉希拉以悬记进行辩论，使"顿"、"渐"之理窘竭衰败。又遵照王之旨，将此教禁止。噶玛拉希拉著修行之论典等将争斗平定，其后不久示寂。丙辰年，王五十九岁示寂。他被誉为文殊师利化身墀松德赞法王，将其遗体安葬于墀德祖赞法王陵寝之旁。囊日松赞、松赞干布、共日共赞、芒松芒赞、堆松芒波杰、墀德祖赞、墀松德赞被誉为七法王而显扬。

墀松德赞四十一岁所生之子，叫作穆墀赞普，戊戌年出世。四十六岁时所生之子叫作穆内赞普，癸卯年出世。五十二岁所生之子，叫作穆底赞普，癸酉年出世。丙辰年，墀松德赞殁后，三位夫人为让其子即位而争夺，是年确定此事。丁巳年，与王之经师臣香雄纳南商谈之际，穆墀赞普发怒，将香雄纳南之子伍仁用刀刺杀。诸臣审讯谴责后，将穆墀赞普发配它处。又将一部小国割让于香雄纳南。由此立次子穆内赞普为王，过十五个月后，王中毒而殁。将穆内赞普之遗体安葬于墀松德赞陵寝之旁矣。诗云：抑制高贵者则威严俱损，抬举卑贱者则暴政滋生。严明的法

规,适宜于治国,刑事无主,则是动乱之起源。以此为镶嵌诗,第十四章终。

[注释]

① 这里参照《西藏王臣记》译作。参见《西藏王臣记》(民族出版社,1983.7,63—64 页)。

[译文]

穆墀赞普被香雄纳南驱逐后，到札惕国王处被侍奉。季子穆底赞普十一岁即位，将己未年改为敬云元年，诸臣摄政。自从丙辰年墀松德赞卒后，到丙寅年将王谢世之事隐瞒了十一年。在此间，穆墀赞普被驱逐，穆内赞普受害身亡，让穆底赞普即位代而做王。丙寅年，将隐藏之事公开。封穆底赞普为王，号为塞纳列。在藏王遗教里言道：墀松德赞有天赐预言，有三子，即穆墀赞普、穆内赞普和敬云王塞纳列。穆墀赞普去北方，穆内赞普被害身亡，季子敬云穆底赞普具足五种缘分。而在《蒙古黄金史》里记载到：吐蕃斯墀赞普[①]有三子，其中之一则是孛儿帖赤那。在此沿用了将墀松德赞误笔为斯墀赞普，将穆墀赞普误笔为孛儿帖赤那之名称。有人把孛儿帖赤那称为古代止贡赞普三子之幼子。言者是想迎合第十章里讲到的无稽之谈，岂能理会之。

骄赏弥之主夏巴的被遗弃之子茹哇杰在孟加拉地方传承七代之后，光军又于雅隆传承十二代。从此，天座七王、二前王、"六中列"、"八地代"、"赞字五王"、"年字三王"、七法王等共传承五十七代后，名扬于世的三赞普之长则是孛儿帖赤那。

噶当派《弟子问道语录》中，就天座王降生之事说道：因你居住于普陀罗迦之山，首先被除害之菩提萨埵忆起，念及赴边远之地，而开示了聂墀赞普；又被普贤忆起，念及赴边远之地，而开示了妥妥日年；被你自己的慈悲忆起，念及赴边远之地，而开示了松赞干布；被圣者文殊师利忆起，念及赴边远之地，而开示了墀松德赞；又言及兄弟分为两部，开示了幼子穆底赞普即位于吐蕃之王和长子穆墀赞普离去即位于蒙古可汗。而在此，因字音之误差将穆墀赞普命名为孛儿帖赤那。

在这之前的印度、吐蕃之历史事由，虽与我等蒙古瓜葛甚少，但为了知晓天子孛儿帖赤那是何人之子而这般记述。有关蒙古诸可汗根源与繁衍之事，且看下卷。诗云：兴盛崛起的昔日之先父，文殊菩萨的慈悲之支系，高贵永恒的名字——孛儿帖赤那，世代流芳于蒙古地方。以此为镶嵌诗，第十五章终。

[注释]

①斯墀赞普:在《蒙古黄金史》里作达赉·索宾·阿拉坦散达里图可汗(dalai·sobing·altansandalitugaγan)。本《黄金史》原蒙文作萨仁·希日格图(saran·siregetu)。斯墀赞普亦被写作塞赤赞普、舍赤赞普。

[译文]

南无佛陀耶　南无达摩耶　南无僧伽耶

游走十方三时[1]之诸佛，其高超的智慧汇聚一方，仁慈的文殊师利妙音佛呵，愿您时常保佑加持[2]。

欲探得古代民众所崇敬的先祖之中的先祖，是何人最先莅临我辈之地方？寻其相继繁衍的诸代先祖名氏等，故如此撰写。我要向那等随意评说这人间事由的经过和真伪者，进行无所畏惧的挑战，请他们宽恕恩佑。撰写如此世系之记述，乃是为了知晓古时祖先出身于何人家世并认知自己之根源。进而，上时供、求福分，将届时成就大业者作为义士而拜之，以过去之弊端为戒并将其治之。识嫡系、探辈分、知礼仪、表亲情、尽孝义、明了五种亲属、亲近九族。五世达赖喇嘛所著《青年宴会》记载道："人若不知生父根源，犹如迷向于森林的野猴一般；倘若不知生母根源，宛如假造于人工的苍龙[3]一样；假使不知祖先名氏，如同被弃于穆纳地方的孤儿一般。"

如同上卷所述，从敬众王开始传承十二万一千五百六十五代后，至文殊师利一化身，此乃孛儿帖赤那。由于臣僚之乱，又因有缘分，孛儿帖赤那至蒙古札惕地方。其时，居住于蒙古拜噶勒江之不峏罕哈里敦的鞑子姓氏之诺彦[4]早已谢世。其守寡之妻豁埃姓氏马阑勒哈屯[5]见到孛儿帖赤那，认为是天赐而降的可汗之子，遂请他做自家之主。其他人也赞许，便拥立其为札惕国之主上。哈屯与前夫所生之子巴塔沙，后成为泰亦赤兀惕氏。孛儿帖赤那二十九岁所得之子巴塔赤可汗，于唐朝德宗贞元二年，丙寅年降生。从彼寅年至此酉年，已逝十六个甲子零二十年。彼之后裔被称为奇渥温氏。

巴塔赤可汗二十三岁所得之长子塔马察可汗。彼时，吐蕃达磨毁教[6]，玛尔氏释迦牟尼比丘、尤氏格迥比丘和藏氏饶赛比丘三人从吐蕃逃来。塔马察可汗由此

做了班弟[7],被称为释迦希饶。塔马察二十一岁所得之子豁里察儿蔑儿干,喇嘛为其灌顶。他自己久居可汗宫,修就正果而显灵,最终躯体升天。故扬名为莲花金刚之化身。那三位喇嘛久居蒙古地方,后被邀请至安多之藏区。

豁里察儿蔑儿干二十岁所得之子阿兀站孛罗温勒,彼之二十七岁所得之子也客你敦,彼之十九岁所得之子挦锁赤,彼之十八岁所得之子哈里哈儿出,彼之十八岁所得之子孛儿只吉歹篾儿干。孛儿只吉歹篾儿干娶忙豁勒真氏脱日阑臣伯彦[8]之女孛罗黑臣为哈屯,其十八岁所得之子都蛙锁豁儿、二十一岁所得之子朵奔篾儿干。二子中长子被称为锁豁儿[9]的缘由是,他的眼睛能看到三程远[10]的地方,故将其夸张,称之为锁豁儿。都蛙锁豁儿之子托纳依、多克新、额木尼克、额尔呵克。据说,他们兄弟四人之后裔在四部卫喇特。朵奔篾儿干之宝拉克哈屯生有不忽、不忽赤二子。其后,哈屯故去。后娶之阿拉克哈屯怀孕后,朵奔篾儿干二十五岁殁。其后,阿拉克哈屯每每梦见日月覆于躯体,着有金甲之天神莅临,看护自己,并有黄狗来临守卫门户。是年,即该午年,子孛端察儿降生。有明智贤人言称,该子奉天命而降。有昏庸恶人言称,该子由荡妇所生。大多不能辨别,称他为不能辨其影踪的孛端察儿。孛端察儿降生年为宋太祖开宝三年,岁次丙午。从那年至今乙酉年已逝去十三个甲子零十六年。诗云:因尊贵的祖先恩赐贤德,故承受天命,降生人间。若舍弃祖辈,自得嚣张,不才之品行自然显现。以此为镶嵌诗,第十六章终。

［注释］

① 三时:佛教用语。佛教认为,释迦牟尼圆寂后,佛法日益衰微。分为正、像、末三法时期。正法,谓正确无误的佛法,包括教说、修行、证悟三个方面;像法,谓相似正法的佛法,只有教说、修行两个方面;末法,为佛法将灭,只有教说,无修行,也无证悟。关于"三时"的时限有多种说法,一般认为,正法五百年,像法一千年,末法一万年。

② 加持:佛教用语,一般指以佛力佑护众生。

③ 苍龙:亦作“青龙”,古代神话中的东方之神。

④ 诺彦:蒙语,意为官、官员、官人。

⑤ 哈屯:蒙语,意为夫人。

⑥ 达磨毁教:《西藏佛教发展史略》(王森著,中国社会科学出版社,1987 年 6 月)云:“藏文史料记载,当达磨灭佛时,在曲卧日地方有三名僧人:藏饶赛、尤格迥、马尔释迦牟尼,他们看到僧人行猎得知灭法情况,遂携戒律、论书,以骡驮负西逃阿里,又遵北路至回鹘。时值回鹘新溃(840 年回鹘崩溃),仅在新疆东部保有一部势力,建立了一个小国,国内仍流行佛教与摩尼教。三人至此,受当地官员名释迦般若者的供养,但因当地语言不通,又离此东至朵甘藏区(今西宁一带)。”

⑦ 班弟:在寺庙里没有职务的小喇嘛。

⑧ 伯彦:蒙语,富、富人、富翁之意。

⑨ 锁豁儿:蒙语,意为瞎子。

⑩ 三程远:指牧人三日行程之距离。

［译文］

孛端察儿容貌形态与凡人不一，平素沉默寡言。而两位兄长则机敏、果断且凶暴，他们认为孛端察儿生性愚鲁，故时常欺侮之。为此，阿拉克哈屯曰："该子不愚蠢，其后裔定会显贵。"不忽、不忽赤听后不予答理。一天，阿拉克哈屯唤来三子，递与每人一根细棍儿，要他们将其折断。他们各自立刻折断。又将三根细棍合起来递与每人，要他们折断，他们力不从心，未能折断。于是，阿拉克哈屯曰："古语言道，三股绳索，不易折断，三人合力，更难制服。如今你等兄弟三人，若各自单独行事，如同一根细棍，极易受损。若同心合力，就像三根箭杆，坚固不摧。你们要知晓此理，和睦相处。"不忽、不忽赤虽嘴上承诺，却变得更加凶恶。对此，阿拉克哈屯不能言语，只好迎合。于是，指定合塔斤部为不忽"份子"，撒勒斤部为不忽赤"份子"，孛儿只斤部为孛端察儿"份子"。但是，不忽、不忽赤已经霸气成性。

其时，阿拉克哈屯身染重恙，她对其三子言道："为人在世，睿智至上，人虽机敏，若违孝道，蹉跎人生，瑕玷其中。此般情形，骄姿所至。但凡为人，赏识同类，良莠不分，习性所致。由衷克服，骄横贪欲，一心行使，义气仁爱。如今我辈，临见上帝，高雅音调，已趋东方。真心劝告，三位爱子：心怀亲情，结交贤人，诚心施善，定能兴旺。存心淫乱，自取灭亡。须让襟怀，充满真诚，敞亮豁达，聪慧坚贞。尊崇祖先，提携弟兄，心肠常叙，永葆忠心，伺奉众生，平定天下，使其欢欣。倘若沦落，跃入深渊，时生口角，常施暴戾，人将不人，定被嫌弃。仁者智者，终将吉祥，真诚崇拜，世代勿忘。"言罢，卒。

孛端察儿甚为悲切，而他的两个哥哥将所有财产分得后，仅给孛端察儿一匹草黄色马而将他驱逐。孛端察儿之属民言道："你两位兄长无端凌辱，非礼也。"孛端察儿答道："贫贱富贵均由命里注定，何须贪图牲畜家什。"便骑草黄色马走至斡难河之巴日图阿剌勒地方。此地人烟稀少，不免生计艰难。一天他看见黄鹰捕捉野鸭食之。便用马尾做套索，将其捕获。从此，他撒放黄鹰捕捉雉鸡、野鸭，以此充

饥,过一个月之久。此时,有三四十户人家从腾格里河[1]逐水草迁移而来。孛端察儿就在旁边搭起草屋住下,以辅助那帮人的事务。因而一户主欢喜,将自家的一寡妇许配予孛端察儿。那妇人名巴阿里歹,彼时怀有身孕,生一子后,为子取名为札只剌歹。其后裔为札只剌噶惕氏。岁次丙申,又生一子,取名为合必赤。

彼时,不忽、不忽赤无子嗣而殁。而孛儿只斤氏一个叫作忙耐把阿秃儿的人惦念起孛端察儿,思忖道:"我等之诺彦孛端察儿独自一个人出走,如今不知死活。如还在世,不禁也要受饿挨冻呵!得出去找找看。"最终寻到孛端察儿,将其与妻儿领来。人们皆大欢喜,拥立孛端察儿为可汗。孛端察儿言道:"来自腾格里河之百姓无主子,我等若进军,那些人定会归从。"于是,忙耐把阿秃儿领兵前去,将腾格里河百姓招降而来。孛端察儿之属民增加甚多,故将他们全体称为蒙古国。于是,顺应政教之礼法,弄通经卷之道理,以礼整治国度,以德根除谬误。家有国规之先生,外有道路之看护,有探明事理的规矩,有野外狩猎的欢乐。家畜繁殖成群,仓库金银剧增,名望势力显耀,国家民众欢欣,异乡劲敌降服,均已归为臣民,罪兆罪孽消灭,众庶百姓安宁。其仁慈贯穿义气,其恒理充满明智,因真挚贤贞,其后代大抵兴隆。诗云:信仰高贵者则兴旺,信仰卑贱者则灭亡。信仰自量者则本分,遂请效仿高贵者。以此为镶嵌诗,第十七章终。

[注释]

① 腾格里河:《蒙古秘史》《蒙古黄金史》和《蒙古源流》均称该河为统格黎克溪(或统格黎克小河)。

[译文]

合必赤可汗十八岁所得长子马哈客如达[①]可汗。彼生有七子。马哈客如达之哈屯为莫拏茹勒[②]。她生性刚烈,马哈客如达殁后,由她摄政。

彼时,札剌亦儿有帮孩童掘土取草根[③]。莫拏茹勒乘车出来,适见掘土之孩童,怒道:"此乃我子驰马之所,你等定是起歹心有意破害。"便驰车追赶,辗伤诸儿,有致死者。札剌亦儿部愤恨,将莫拏茹勒之马群赶走。莫拏茹勒的六个儿子赶往追逐。莫拏茹勒闻讯后,命令其随行者道:"我诸子未着盔甲而去。将其盔甲送上。"盔甲送至之前,六子皆被札剌亦儿人所杀。札剌亦儿人乘胜返回,执杀莫拏茹勒,灭其全家。

莫拏茹勒之第七子,名纳臣,因从巴尔虎部娶妻,到那里去矣。马哈客如达十八岁所生长子为伯格尔巴图尔[④],彼之十八岁所得长子为海日布[⑤]。海日布跟随其叔父纳臣在巴尔虎部,均二十三岁也。海日布十八岁所生之子伯升豁儿时年六岁,由其乳母将他藏于诸积木之中才幸免于难。纳臣、海日布闻得自家遭祸,忙来视之,只见十几名受伤的女人与伯升豁儿尚存。于是,将他们交予海日布带至巴尔虎地方。由此,纳臣将自己伪装成牧马者,去探视札剌亦儿人。路逢父子二人,捕得一鹰,子前父后相行。纳臣临近前行者,认出其鹰为伯格尔巴图尔之鹰。他假意向前抬身问道:"迎面有一枣红色公马引群马放青,你可曾见到?"那年少者答道:"未曾见到。"年少者问道:"你所经之地方雁、鸭多乎?"纳臣答曰:"多也。"那年少者曰:"请你指予我。"纳臣假意与他玩耍,而乘骑急速颠跑,过一河湾,转身看到后行者相离甚远,遂将那年少者刺杀,缚住其马与鹰,趋迎后来者,又若从前那样哄骗之。那老者问道:"前去之我儿,为何久卧不起?"答曰:"你儿流鼻血也。"那人嗔怒,纳臣乘机刺杀之。由此继续前进,至一山下,见到马群数百匹,其中有纳臣诸兄之马。牧者唯童子数人,以击髀石为游戏。纳臣又将自己伪装成牧马者,登山四顾,看到没有人来,返回来将数童子杀尽,驱马带鹰直奔巴尔虎地方。在那里,他与巴尔虎、祛谷两部和好相处，收拢起失散的兵马，拥立海日布为可汗，纳臣自立为将军。列“古里延”⑥于巴尔虎江界，并架桥跨河，北往南来，招集四部亲族，共同进军札剌亦儿。札剌亦儿岌岌不可终日，便取主子头颅而归顺。因而绝断札剌亦儿之根。海日布可汗、纳臣巴阿秃儿则闻名显扬。

据悉，纳臣巴阿图儿后裔之中有一部落为索伦。伯升豁儿十八岁所得长子屯巴亥⑦可汗，彼之十六岁所得长子合不勒可汗，有五子。合不勒卒后，泰亦赤兀惕部主塔不台进犯，抢占合不勒可汗之宫。合不勒十八岁所得长子把儿坛把阿秃儿身受七伤，只身一人徒步逃至索伦部。索伦、巴尔虎二部合伙进军塔不台，将大部泰亦赤兀惕人征服。把儿坛把阿秃儿四个弟弟皆殁于泰亦赤兀惕之乱。寻找到自己三个儿子。把儿坛把阿秃儿十八岁所得长子也速该把阿秃儿，二十岁所得之子恩坤太石，二十二岁所得之子忙格秃薛禅。二十七岁时，后娶哈屯生一子，名为魏都斡惕赤斤。彼之后裔传承至跛足帖木儿台吉，成为张氏。现闻名为翁牛特部。诗云：宇宙旋转，如同车轮，人生迷途，形色各一。效仿尊贵者，此乃贤哲之因缘，效仿轻浮者，则是庸人作乱。以此为镶嵌诗，第十八章终。

［注释］

① 马哈客如达：据《史集》孛端察儿有二子，即布格和布客台，布格之子为篾年土敦。据《蒙古源流》，哈必齐巴图尔（即哈必赤）之子为伯格尔巴图尔，其孙为马哈图丹（即篾年土敦）。

② 莫拏茹勒：据《元史》莫拏伦为篾年土敦之妻，《蒙古秘史》称那莫伦，却为合赤曲鲁克之妻。

③ 在原作里称其为 γoyugai。《元史·太祖纪》记载道：“莫拏伦性刚急，时押剌伊而部有群小儿掘田间草根以为食，莫拏伦乘车出，适见之……”《史集》记载道：“由于他们（札剌亦儿人）饥饿已极，他们掘了一些草根来吃，这种草名叫速都孙……他们掘乱了莫拏伦的儿子们驯马的那块地方。”

④ 伯格尔巴图尔：据《蒙古秘史》合必赤把阿秃儿之子为篾年土敦，篾年土敦

有七子，长子为合赤曲鲁克。

⑤ 海日布：据《蒙古秘史》记载，合赤曲鲁克之子为海都；据《史集》记载，海都为篾年土敦之子，无合赤曲鲁克这一代。

⑥ 古里延：蒙语，原意为院落、围墙、圈子等。这里指古代蒙古人集体游牧的组织形式，即许多帐幕在原野上围成一个圈子驻扎下来。它同时也有管理内部事务的职能和组织对外作战、保卫集体利益的军事职能。对于“古里延”学术界有多种说法。

⑦ 屯巴亥：据《蒙古秘史》记载，伯升豁儿多黑申之子为屯必乃。

[译文]

恩坤子孙归入客列亦惕部，忙格秃子孙归入泰亦赤兀惕部，后绝子孙。也速该把阿秃儿娶赵氏忙客剌为哈屯，生别克帖儿，别里古台二子。其时，泰亦赤兀惕部额日锡勒图[①]曾娶斡勒忽纳惕氏诃额伦为哈屯。他与哈屯前去斡勒忽纳惕部，经此北往返回。也速该把阿秃儿外出打猎，恰逢他们。忆起塔不台时期之仇恨，便去进攻之。额日锡勒图抵挡不住，哈屯与携带之物均被劫，只身逃跑。未至目的地，中途被杀。也速该把阿秃儿娶诃额伦为哈屯，征服泰亦赤兀惕等诸多部落，名与势显扬。

也速该把阿秃儿三十七岁出征塔塔儿之帖木真，将其擒拿，旋师之际，恰逢诃额伦哈屯生一子，故命名为帖木真。末年，也速该三十八岁，忙客剌哈屯生一女，命名为帖木伦。甲申年，也速该三十九岁，诃额伦哈屯又生一子，命名为哈撒儿。从那甲申年至这乙酉年已过十个甲子零两年。蒙古史籍称成吉思汗为兄弟五人，即别克帖儿、别里古台、帖木真、帖木伦、哈撒儿。有些史籍不记载帖木伦，而言斡惕赤斤，是将叔侄混淆，误为兄弟。别克帖儿无子嗣，二十岁受伤故去之后，就让帖木伦之额附巴图塔布囊[②]就了他的位。而帖木伦之后裔则为喀喇沁之诸塔布囊。别里古台之后裔至把阿秃儿摩里海，称可汗族。摩里海之子鄂其尔台札萨克图之后裔为四阿巴噶也。

帖木真乃是元太祖成吉思汗。在他的后裔元惠宗妥欢帖睦尔之时，将江山失去。后又被妥欢帖睦尔后裔巴图蒙克达延可汗继承。巴图蒙克繁衍十一位“博罗特”[③]。博罗特氏后裔今在喀尔喀、察哈尔、土默特、苏尼特、乌珠穆沁、浩齐特、札鲁特、巴林、奈曼、敖汉、克什克腾等旗。

岁次庚寅，哈撒儿七岁，也速该把阿秃儿、诃额伦哈屯相继故去。管家都统陶德乌力吉将属民、财产、牲畜均霸占。其时，额日锡勒图之子孛阔赤勒格儿，于诃额伦哈屯谢世后，借故前来，假意称帖木真、哈撒儿为弟弟，将他俩领回自家。为报复

杀父之仇,将他俩用铁链缚住。仲夏十五,孛阔赤勒格儿设时宴饮酒,当众酒醉之际,他俩带着铁链逃走,卧藏于水渠里。其夜,速勒都思人陶儿罕失剌梦见两轮太阳相系,浮出水井,迎面而来,又落入水渠。醒来后,已是晨光熹微。起来去水渠处察看,确有两位年少者躺卧其中。他惊奇梦境之兆,将两位年少者领来,藏于装毛的车子里。到深夜时分,破其铁链,让他俩乘骑飞奔,送至别克帖儿、别里古台之处。

别克帖儿招集几位好汉,将陶德乌力吉包围于睡梦之中。陶德乌力吉只身逃出,途中被人杀害。随后,帖木真、哈撒儿将自己的属民招集就绪,将陶儿罕失剌视作恩人尊敬之,并与陶儿罕失剌之子赤老温、沉白互称兄弟,结为挚友。

岁次戊戌,女真部有一盗匪掠走帖木真八匹银合马。帖木真、哈撒儿前去追赶,路逢纳忽伯彦之子孛斡儿出,三人同去追赶,遭到诸盗匪反击。其时,哈撒儿十五岁,孛斡儿出十三岁,均为神奇的射手。当他们杀死七名盗匪时,其余者不能抵挡,扔下八匹银合马逃遁。由此,与孛斡儿出结为挚友。

哈撒儿出生时,手握血块,脸面发红。从幼貌美,长大后身高八尺,胡须长,似汉朝关羽,擅长枪矛武艺,箭法高超,百发百准。诗云:安定天下的圣贤之威业,唯有孝道方可发扬光大。纯洁无瑕的先辈之声誉,慎行治学才能不使玷辱。以此为镶嵌诗,第十九章终。

[注释]

① 额日锡勒图:据《蒙古秘史》《蒙古黄金史》记载,诃额伦前夫为也客赤列都。

② 塔布囊:驸马、郡马、额驸等的总称。

③ 十一位“博罗特”:指巴图蒙克达延可汗十一个儿子,即图鲁博罗特、乌鲁斯博罗特、巴尔斯博罗特、阿尔苏博罗特、阿尔博罗特、阿尔楚博罗特、斡齐尔博罗特、格呼嚼博罗特、格呼森扎扎赉尔、鄂卜锡衮青台吉、格呼图,共十一人。

［译文］

圣人哈撒儿十五岁始力气蕃昌，其仁义之行，驰名四方，远近之诸部众对其想望与惧怕交加，自行归顺。他又将暴戾之辈以义降服。拥有气力、智慧之百姓欢欣而亲信之、崇拜之。其英名光芒四射，誉满世间。而有歹人妒心顿起，怀揣恶意。

其时，蒙古有位唤作索歹把阿秃儿的人居住于希拉穆仁河畔。而萨朦部[①]一位叫作陶都萨儿的好汉打猎至此，将索歹把阿秃儿的马群驱走。于是，索歹等四人潜伏于马群荡起的灰尘之中，将前来的陶都萨儿一箭射倒。其余人惊恐失措，丢下马群逃之夭夭。为此，萨朦部人憎恨在心，认定这是也速该把阿秃儿之四魔鬼所为，并认为今时若不除祸绝根，将来必定后患无穷，且起兵三万前来进犯。从索歹把阿秃儿处闻得此讯后，圣人哈撒儿便招集蒙古各部人马，组成十三路军队。此时，敌军已到。哈撒儿一马当先，与敌军将军勇士一阵搏杀，用枪矛刺倒。敌军乱而逃遁，遭到蒙古十三路军队夹击，一部被歼，一部归顺，一部逃走。

翌年，闻得斡其尔泰、札昭嘎、都斤三人招集盗寇众部九万兵马前来进攻。蒙古人也挑选九万兵马，分为三路，帖木真为公众之主，别克帖儿、别里古台、哈撒儿三人为将军，予以迎击。两军交锋，盗寇军勇士斡其尔泰挥矛大骂出阵。别克帖儿迎战，将其刺杀，自己负伤。札昭嘎把阿秃儿随即出阵，别里古台迎击，将札昭嘎"呀"的一声拽下马，扔于地上擒拿。当都斤把阿秃儿压过来之际，哈撒儿迎击，一阵拼杀，都斤不禁逃遁。哈撒儿停而笑之，一箭射去，都斤把阿秃儿头朝下栽倒。别里古台、哈撒儿、巴图率先砍杀，盗寇军乱而败北，大半归顺。掠获之物不计其数。让被俘好汉札昭嘎下跪招认，札昭嘎不但不招，反而咒骂。帖木真怒，将其用骲箭射杀。在庆贺平定敌人之欢庆酒宴上，帖木真曰："以别克帖儿的强攻之力，别里古台的摔跤之技和哈撒儿的善射之术，消灭了异乡之敌。"

帖木真兄弟四人作主上，都相互平等之际，有好挑拨者进谗言，离间之。因此，四位主上险些割裂领地而各自分离去。为此，速不台把阿秃儿吟诗曰："亲密之人

分离去,便成局外人之掳获物。众亲戚分离去,便成孤单者之掳掠物。愿望易实现,亲族难获得,企望易兑现,兄弟难获得。”兄弟几人均赞同此番告诫,并请速不台把阿秃儿为家师。故谗言断绝,品级分明,学得礼仪规矩,各自胸怀和睦之情。

别克帖儿伤势加重,卒。别里古台言道:“兄长无子嗣而卒,若将帖木伦之子,我等之外甥拥立为兄长部众的主子,如何?”对此,速不台称道:“也是。”帖木真、哈撒儿也赞同。遂让塔布囊巴图就了别克帖儿之位子,立帖木伦的儿子为塔布囊,确立了相互间嫁娶之婚姻关系,并行施之。对于此事,后世愚笨之蒙古人不能领会其意,妄加评说,称这是兄弟几人的亲事。对此等胡扯者的荒谬不祥之谈,岂能理会之?

岁次丙辰,斡惕赤斤六十一岁,他对子孙言道:“你等兄弟若能讲和睦、守义节、齐心协力,属民之心则能同往一处想,一往跟顺。你等便可成就天下之大业。因此,兄弟友情是首当其冲之大事。”诗云:古时先祖,德能俱备。崇尚和睦,推崇礼仪。现时官僚,妄自尊大。其子孙后代,将暗淡无光。以此为镶嵌诗,第二十章终。

[注释]

① 萨朦部:原蒙文为 samaγun ayimag,其他蒙古史籍不见有此部落。蒙语 samaγun 一词的意思为紊乱的、骚乱的、放荡的、猖獗的。samaγun ayimag 大概是指与黄金家族相对抗的部落或时常侵犯他人利益、引发社会动乱的非黄金家族部落。

[译文]

在此，斡惕赤斤为倡导亲族间的和睦相处，率别里古台、帖木真、哈撒儿邀请薛禅泰出、薛禅孛阔等众亲戚，让其举起各自的旗帜，坐上装有马奶酒的车辆到斡难河畔联欢。薛禅孛阔生母豁阿黑臣哈屯、母额别该哈屯在同一间屋里就坐。帖木真敬酒时，由他的随从失库儿老翁指示首先敬予额别该哈屯。于是，豁阿黑臣哈屯因嫉妒而发怒，让失库儿下跪，掴其耳光。薛禅孛阔之随从博里将斡惕赤斤的马偏缰偷盗，揣予怀里。别里古台见状，拳击博里，抢回偏缰。博里恼羞成怒，抽出剑，将别里古台肩膀劈烂。见状，哈撒儿愤怒，刚要出剑，斡惕赤斤拦住，言道："别里古台这伤势虽重，倘若不死，也就作罢，为何如此伤和气。"便抢下其剑。哈撒儿言道："从马奶桶里一抽出杵杆，众人便如同羊群惊跑般皆逃遁了。"他又让阔阔出薛禅孛阔之母豁阿黑臣、妻豁阑黑臣二人站立，训斥道："你们的博里若不过来，就此捣碎你们。"两位哈屯爬倒下跪，大声求饶。斡惕赤斤忙跑过来劝道："理应以和善友好为重，成就天下大事，怎能以如此争端，发泄这般恶气？"就在规劝时，薛禅孛阔惊恐十分，带来博里下跪道歉。哈撒儿斥责薛禅孛阔，令博里卧倒，用杵杆抽打了十五下。薛禅泰出、薛禅孛阔恐慌羞怯，怀恨在心。别里古台的肩膀因伤致残。因哈撒儿未杀博里，被泰亦赤兀惕部人称之为仁慈之人。故泰亦赤兀惕大半归顺哈撒儿。

岁次己未，乃蛮盗匪掠夺蒙古边界。因而，派遣六人命令薛禅孛阔带兵讨伐乃蛮。薛禅孛阔、薛禅泰出多言推托，并打死其中一人，撵走其余五位。而随后又在路途派人掠走他们的马匹、衣服。帖木真听后怒道："先前薛禅孛阔打了我们的失库儿老翁，砍伤我兄之肩膀，现又杀害、抢劫我们的使者，真是欺人太甚。我要亲自讨伐薛禅孛阔。哈撒儿，你去讨伐乃蛮。"哈撒儿带兵出发。乃蛮军聚集于山间，两军迎面相遇。蒙古军摆好阵势，哈撒儿一马当先，挥舞长矛，冲出阵营。乃蛮英雄迎面而击，一阵搏杀。哈撒儿即刻刺倒其中三位，又率领兵马，奋勇进击，打得乃

蛮军七零八落，真可谓天将下凡。乃蛮军吓得魂不附体，乱作一团，被歼多人，其余者不禁抱胸下跪，归顺。

帖木真也将薛禅孛阔、薛禅泰出歼灭。彼时，哈撒儿不知弘吉剌部将去归顺帖木真一事，将他们中途拦截进攻之。弘吉剌部回马逃遁，至萨朦部处。为此，帖木真嗔怪，将哈撒儿与两个儿子和臣民分离开，并将其一家驱逐至哈茹纳地方。速不台把阿秃儿规劝之，不成，且被撤职。诗云：傲气怒气，不适于先人。骄横愤激，怎适于后者。耀武扬威之蒙古英雄切记，高傲愠怒则是危害自己的劲敌。以此为镶嵌诗，第二十一章终。

[译文]

客烈亦惕部首领王罕，名为脱斡邻勒，后被金国封为王。他曾与也速该把阿秃儿结为“安达[①]”，故帖木真、哈撒儿称其为“父亲”，甚为尊敬。然而，王罕因谗言而离心离德。岁次癸丑，哈撒儿四十二岁，正居于哈茹纳地方，遭王罕军前来进攻。哈撒儿将小儿脱豁脱娃夹于腋下，只身一人徒步逃遁。途中饥饿难忍，以鸟蛋充饥，后至巴勒渚纳江。彼时，帖木真也被王罕所驱，来到巴勒渚纳江。哈撒儿在那里与帖木真相会。彼时，该江濒临干涸，江水流淌得断断续续，食粮也完结。因是无人之地，无以充饥。正在窘迫之际，从北面跑来一头野驴，哈撒儿即刻射杀。因无锅，就将野驴整剥其皮，割开肉后，用烧红的石头烤成炙肉而食之。成吉思汗饮其江水，朝天祈祷道：“我若能成就大业，就要与诸位同甘苦、共患难。倘若不守诺言，就让此江一般断流。饮此江水起誓者，愿他们世世代代被起用。”哈撒儿受感动，流着泪，饮江水而起誓，在场众人忙饮水而叩拜。其时，亦乞列部唤作博仲的人被豁罗剌思军所袭击，败北后也逃至此江。此人也与众人一同起誓。

在此，帖木真盘查、收拢起失散的军队，在斡难河畔形成“古里延”驻营。哈撒儿施计派两名使者前去王罕处言道：“我兄如今不知于何处，我的妻儿却在王罕手上，我也不必徒然奔波，请父王惦念早日对于我等的恩爱，不计前嫌，饶恕我辈，我将躬身归顺。”王罕信以为真，将手下人与那两位使者一同遣往哈撒儿处。被遣人滴血于皮奶桶，与哈撒儿一同起誓。哈撒儿再遣使者后，王罕带着兵马，让哈撒儿使者指示地点，于夜间来到者渚纳图山间[②]。此时，帖木真从背后追袭，哈撒儿从对面迎击，王罕军大败，客烈亦惕部完全归顺。王罕父子俩带一部分军队冲杀而逃出，却路遇乃蛮一将军迎击，王罕被杀，其儿逃至邻国，被邻国主子杀害。

灭王罕后，哈撒儿与兄于帖篾黑山打猎，订禁令、宣告之。并宣扬哈撒儿赢战之威名，驻营于家乡。

彼时，乃蛮部的塔阳罕闻得帖木真，对札惕部阿鲁客乞言道：“获悉在你等之东方地方,有被称之为可汗的人。天空不能有两个太阳,人间不能有两个可汗。若你辅助,我将他们的弓箭夺过来。”阿鲁客乞将此话告知了帖木真。岁次甲子,帖木真与众部主聚于帖篾黑河畔[3],共商讨伐乃蛮之事。而一些臣僚言道:“现刚进入春季,我等之马还瘦,到了秋天再讨伐不迟。”别里古台则言道:“凡事均应提前张罗,马瘦又何妨? 征伐便是矣。”哈撒儿言道:“乃蛮要抢夺我等之弓箭,此乃实属欺辱之言。我辈理应拼命进击。他们仗其大国之威,口出狂言,我等若攻其不备,定会成功。”帖木真欣喜道:“良兄、贤弟,倘若谨慎思量,何患不成?”于是,别里古台叫塔布囊巴图带兵出发。哈撒儿亲自做先锋,蒙古军至栈答失山驻营。

乃蛮塔阳罕从阿勒台地方出发至康孩山,成“古里延”驻营。彼时,乃蛮部塔阳罕、篾儿乞惕部脱黑脱阿、客烈亦惕部阿邻太师、斡亦剌惕部忽秃合别乞[4]、朵儿边部、塔塔儿部、合答斤部、撒勒斤部皆联手,故势力强大。诗云:节俭坚贞、明哲正直,此乃众多家族之根本。若遗忘根本,妄自尊大,虽伙伴颇多,将自行灭亡。以此为镶嵌诗,第二十二章终。

［注释］

① 安达:蒙语,盟友、密友、友伴之意。

② 据《蒙古秘史》记载,此次战役发生于者折额儿温都儿山之折儿合卜赤孩峡口。

③ 帖篾黑河畔:据《蒙古秘史》记载,成吉思汗等打猎并商讨与乃蛮部交战的地方为帖篾格川(或帖篾延之野)。

④ 原著1942年张家口版本在此处有笔误和遗漏。翻译时,根据《史集》记载做了更正。

［译文］

彼时，蒙古军一匹马被乃蛮军营之人所捕。塔阳罕看后道："蒙古人之马如此消瘦，我们将其快速引入纵深，搏击而捉拿之。"乃蛮将军豁里速别赤道："先时之可汗在搏杀交锋之际，总是凭着英勇的气力，一马当先，从不后退，未曾让敌人看到自己的脊背和马的尾巴。如今你此般推托战期，定是因为害怕。倘若害怕，岂不让哈屯出面统率兵马？"听得此言，塔阳罕恼怒暴跳，言声"搏击"，便进发。蒙古军方面哈撒儿出面迎战，他俩挥舞长矛，对骂进击，旋转搏斗，交锋三四十个回合，相持不下，互不能攻破。见状，塔阳罕手下一名叫作撒摩古儿的将军道："早日我曾与蒙古军交战几回，他们曾经只有像小羔羊般连皮带蹄被吃掉的份。如今看这人若同天降之好汉，且阵势坚固，气力非同以往之人。我等必将败北，还不如严守国土。"言罢走开。篾儿乞惕部主也带兵北归。哈撒儿一阵厮杀后也称马累，以后再战，便调马返回。而塔阳罕策马追击，追至近处时，哈撒儿反射一箭，击穿其脸颊倒之。哈撒儿回马高呼，巴图率兵砍杀进击。塔阳罕各部乱而逃遁。夜间，在峡谷里相互碰撞，死者甚多。哈撒儿、巴图彻夜追击，歼灭颇多。拂晓时分，剩余残兵均下跪归顺。盘查归顺官员时，发现塔阳罕部一人逃掉。哈撒儿当即下令捉拿。巴图即刻追及，活捉其人。见其怀揣一印章，哈撒儿问道："你等众部兵马均归顺于我，而你怀揣印章，欲至何方？"那人答道："我当死守职责，将印章交予旧主之处。不料，无福分而被捕。"哈撒儿问道："你是何许人？甚么姓氏？曾有何职务？"答道："我之族源畏兀儿人，名塔塔统阿，主上交印章予我，让我承担物品、食物之出纳事宜。"又问："此印章为何用？"塔塔统阿答道："选用好人、颁发赦书等一切事宜皆用之。"哈撒儿称他为忠孝之人，并呈报帖木真，为用之于一切书函，又将那枚印章交予塔塔统阿。哈撒儿拜塔塔统阿为师，让其教授文牍、禁令、武略等诸种文理、计谋，并不久便学得。

岁次乙丑，进军西域之夏国，从攻破力吉里寨至撒师落思城之际，掠获大量人、

畜、财物。

岁次丙寅，蒙古各部举行大聚会，树起九游白纛，于斡难河之源拥立帖木真为公众之可汗，拥立别里古台、哈撒儿为王。封帖木真为成吉思汗。

简而言之，圣人哈撒儿，十五岁伊始，奔走于四方，很是得法。征服四夷、收服部众，使残暴消除，义士安康。诸多部族，众多百姓，平和安宁，和好欢聚。建元朝，鼎力之功，哈撒儿所立。故其恩德，天高地阔。诗云：仁慈义勇皆具备，气力智慧到顶点，不衰圣人显英名，后辈岂能不孝敬。以此为镶嵌诗，第二十三章终。

[译文]

该寅年,哈撒儿亲自挂帅,征伐乃蛮杯禄汗,活捉其人。乃蛮部完全归附。丁卯年,攻占西夏兀剌海城。戊辰年,执杀篾儿乞惕部脱黑脱阿,从而征服篾儿乞惕。己巳年,征讨西夏,夏主李安全归顺。庚午年始,率师伐金,攻克诸多城乡。癸酉年,圣人哈撒儿率师,沿海边而上,攻掠蓟州、平州、滦州和辽西诸城。进而收服内外诸郡众民。

岁次甲申,成吉思汗征讨西夏时,哈撒儿作为将军率先进发,至铁门关驻营之际,兵士张扬见到一怪状之兽。众人言论道,该兽体如鹿、色绿、长有马尾巴,操蒙古语,并言可汗速归。彼时,跟随成吉思汗之尊贵的文臣耶律楚材启奏道:"此奇异之兽,能言人语,名为角端,此乃上天下派至此传旨也。可汗应当顺应天意,班师东归为好。"哈撒儿大吵道:"文臣楚材,你若为难,自己回去便可。为何鼓动谎言,动摇可汗之心,妨碍朝政大事?我辈年已六十,走南闯北,去过之处甚多,从来未曾见过、听过的角端怎能成为上天之使者而来?你这谎言怎能骗得我哈撒儿?"成吉思汗早已信任耶律楚材之贤明,认为哈撒儿之脾气不妥,将哈撒儿申斥一番,回马还师。行至穆纳山嘴处,见一红角鸮白日呼叫,成吉思汗厌恶之,降旨道:"将其射掉。"哈撒儿一箭射出,一喜鹊中途被击中,红角鸮却未被射杀。成吉思汗怒道:"哈撒儿你,不射坏嘴之红角鸮,却杀掉巧舌之喜鹊,真是岂有此理?"大为训斥。哈撒儿只好认错。

由此,成吉思汗回宫过冬。乙酉年,再度进军西夏,该春季月至穆纳山北多沼泽地带驻营。彼夜伊始,天气变得阴沉,冷风掺雪,昼夜暴刮不止。成吉思汗兵马损伤甚多。为此,当地有人告知:"去年来一西夏人,在此姘居于一寡妇之家。如今此人登上茂哈剌山刮此暴风。"于是,军中有好汉出去看到暴风雪中有诸种鬼怪而不能靠近。故回来禀报可汗:"对付这等妖怪之小野猪,除非哈撒儿,别人不能。"为此,可汗降旨于哈撒儿。彼时,哈撒儿身患痛风病,强忍爬起,调制出可攻

破妖怪之小野猪的烈品，让兵士带上，自己手执弓箭，跋于山上，从暴风雪之中看到妖怪，便诵暴烈之咒语，以调制之烈品击打妖怪，最终降服之，并将行妖怪之野猪之事的西夏人一箭射杀。暴风雪即止。破开咒骂者之胸脯，取其心，祭了山。军中之人将咒骂者姘妇捕杀，分解其骨节，焚烧之。如此云云。庸人杜撰之书语，不可言谈之，就此罢矣。诗云：诚心谋事守节人，妖怪岂能消除之。狡黠鬼胎要谨防，真挚襟怀须保持。以此为镶嵌诗，第二十四章终。

［译文］

由此，可汗进军西夏，哈撒儿回宫请李氏汉人医治腿脚之痛风病，虽有好转，但浑身乏力，逐渐衰弱，于丙戌年冬季月殡天，享年六十三岁。据说遗体安葬于也客奥剌地方，但也客奥剌地方为何处，不得而知。

岁次丁亥，西夏之李晛被成吉思汗捉拿。蒙古军平定西夏后回师。是秋，驻扎于清水河之下游地方。在此，可汗身染重疾七日，第八日以遗言为旨，言讫而崩。据说，将其灵柩葬于起涡漠河[①]畔。但不知此地为何处。在第十章里，曾言论过昏庸之蒙古人有关此事的无稽之谈。

圣人哈撒儿之子有称为哈剌和牙斯的锡日博鲁呼，称为哈日帖木儿的锡剌门孛阔，称之为脱豁脱娃的恩和苏弥儿[②]。其两兄长于癸丑年之暴乱中被擒拿，后不知下落。圣人哈撒儿之三子恩和苏弥儿之子安德萨里青台吉，彼之子和奔泰葛根，彼之子布尔哈薛禅，彼之子哈必赤王，彼之子搠鲁们都德日格其，彼之子乌尔哈赤墨儿根，彼之子阿嘎昔拉太墨儿根，彼之子脱穆勒呼把阿秃儿、根只古鲁克。脱穆勒呼把阿秃儿生于戊午年。妥欢贴睦尔丢失江山之戊申年，五十一岁，与汉军厮杀故去。根只古鲁克则与可汗一同逃出。人们将这兄弟俩又称为乌鲁克特穆儿，阿鲁克特穆儿。脱穆勒呼把阿秃儿之独生子为图乞彦都古楞，彼之子博罗特布哈、乌兰陶忽斯。乌兰陶忽斯之子班只赉把阿秃儿，彼之子玛哈齐芒乃，彼之子贝罕鄂尔勒克，彼之子珠勒札亥鄂尔勒克，彼之子和鄂尔勒克，彼之子书库尔、台吉纳。台吉纳之子朋楚克，彼之子为土尔扈特部阿玉什可汗也。书库尔之子墨儿根特布呐，彼之子阿必达则是一世文殊师利活佛。博罗特布哈之子是阿岱台吉。

此时，额勒伯克可汗指使他人害死自己的亲弟都古楞特穆尔，纳了弟媳额勒哲依图。又将自己的女儿嫁与巴图拉，让巴图拉当了丞相。对此，乌格齐哈什哈不能容忍，就将额勒伯克可汗捕杀，自娶额勒哲依图。其后，额勒哲依图生一子，取名为阿寨。阿寨娶妻生岱总、阿噶巴尔济两子。额勒伯克之子坤帖木儿、额勒特穆尔、

答里巴相继即可汗之位，过十六年后，三者均无子嗣而歿。因可汗绝嗣，就将阿岱台吉拥立为可汗。该乙巳年，乌格齐也故去，额勒哲依图之子阿寨带着两个幼子从卫喇特逃来。阿岱可汗宠爱阿寨，将其封为阿寨台吉，赐予妻子。丙午年，阿寨得一子，取名为满都固勒。

彼时，卫喇特进犯蒙古边界。丙午年，阿岱可汗率师讨伐，进军至孛罗那孩丘陵，卫喇特军队也迎面而来。两军摆阵于丘陵。蒙古军阵营由锡古苏泰巴图尔上阵，卫喇特阵营由珪林齐巴图尔应战。他俩均二十八岁，相互呼叫着对方的名字，命令对方快快降服，方能饶命。珪林齐巴图尔发怒，飞马射箭，刺破锡古苏泰铠甲，箭至皮肉。锡古苏泰巴图尔大怒，道："国事当先，顾不得至亲挚友之情面了[③]，我的黄线脸马快奔跑，我的锋刃利剑将做主。"他策马挥刀，快如疾风，不给珪林齐以喘气之隙，将其头颅像破葫芦般劈作两半。锡古苏泰之弟兀鲁回墨尔根也呼叫着进击，兄弟俩率兵攻打。卫喇特之所谓英雄好汉惊慌如鼠，抱头逃窜。锡古苏泰巴图尔、兀鲁回墨尔根直穿卫喇特阵势，攻破之，并一路砍杀进击。卫喇特众兵吓得肝胆迸裂，扔弃兵械，下跪降服。诗云：身具武艺韬略，舍弃贪婪奸心。遵行正义气节，美名流芳万代。以此为镶嵌诗，第二十五章终。

［注释］

① 关于成吉思汗逝世时间、地点、葬地各种史料记载颇有异同。《蒙古秘史》记载道："亥年，成吉思汗升天矣。"《元史·太祖纪》云："二十二年，丁亥，秋七月壬午，不预。己丑，崩于萨里川合老徒行宫。……葬起辇谷。"《蒙古黄金史》记载道："成吉思汗这次出征直奔六盘山，在图鲁默盖城圣主患病……于二十二年丙亥年七月二十日殡天。享年六十六岁。……成吉思汗真正陵地，有的说在不儿罕·合勒敦山，有的说在阿尔泰山北麓肯特山南麓，伊克·兀图克地方。"《蒙古源流》云："岁次丁亥，年六十六岁之七月十二日，于灵州城升遐矣。……乃葬主上之金身于阿勒台山阴，肯岱山阳，也客斡特克地方云。"这里的灵州为图鲁默盖城。而《史集》的记载为："猪

儿年秋二月十五日(伊斯兰教历624年9月)[1227年9月],他为他那著名的兀鲁黑留下了汗位、领地和国家,离开了[这个]易朽的世界。……蒙古有一座名叫不儿罕·合勒敦的大山。从这座山的一个坡面流出许多河流。这些河流沿岸有无数树木和森林。……成吉思汗将那里选作自己的坟葬地……有一次成吉思汗出去打猎,有个地方长着一棵孤树。他在树下下了马,在那里心情喜悦。他遂说道:'这个地方做我们墓地倒挺合适,在这里做个记号吧。'……诸王和异密们遂按照他的命令选定了那个地方。"这里的"起涡漠河"是根据原著1942年张家口版本中的čivma一词而音译。

② 据《蒙古秘史》《史集》《元史》哈撒儿之子为也苦、也松格(移相哥)、秃忽(脱忽)、巴忽克塔儿、哈剌儿珠等。

③ 据《蒙古黄金史》《蒙古黄金史纲》锡古苏泰巴图尔和珪林齐巴图尔俩人是最好的朋友,曾经拜过"安答"。

[译文]

在此，兀鲁回墨尔根将巴图拉之子脱欢捕来之际，脱欢之母撒穆尔公主也跟随着到来了。阿岱可汗看在公主的情分上[①]，未曾杀害脱欢。

岁次庚戌，阿寨台吉故去。阿岱可汗将其三个儿子收养。是年，兀鲁回墨尔根无子嗣而殁，就让锡古苏泰三岁长子诺彦博罗特代替其位。撒穆尔公主将脱欢领回。

阿岱可汗从丙申年伊始即大位，至二十三年之戊午年均宽恕其卫喇特。而岱总、阿噶巴尔济忙于篡位，指使赛穆斤杀害了阿岱可汗。后，岱总做了可汗，阿噶巴尔济做了济农，脱欢为太师。不久，脱欢殁，也先继了太师之位。锡古苏泰巴图尔将赛穆斤捉拿砍杀。他眩于怨恨，以种种言语责怪可汗、济农。捋袖跺脚，百般唾骂之后出走，迁往东部地方。其时，阿寨台吉之蒙古哈屯所生之子满都固勒台吉十三岁，也迁至东部地方。

岁次辛未，阿噶巴尔济济农给自己的儿子纳娶脱欢之子也先的女儿为妻。壬申年，阿噶巴尔济济农、也先二人合谋，将岱总可汗杀害。并传言说岱总自行故去，要让其弟阿噶巴尔济即可汗之大位，举行聚会。聚会之际，耻笑阿噶巴尔济为马阑勒[②]济农，也先将其杀害。平俗之言说道，锡古苏泰巴图尔也在此次暴乱中被害。但《蒙古源流》里无此般记载，想必是锡古苏泰巴图尔病殁于该壬申年，享年五十四岁。阿噶巴尔济之子哈尔固楚克闻得上述事件，逃至脱克马克地方，也在此被害。是时，哈尔固楚克之妻已有身孕。据说，生一子后，与他人之女儿交换，隐藏至索朗古斯人[③]桑噶勒都尔处，让其妻抚养。随后，壬午年，送至满都固勒可汗之处。

彼时，别里古台之后裔摩里海把阿秃儿，将斡惕赤斤之后裔跛足帖木儿台吉之养女纳娶予自己的儿子，成为亲家，颇有交情。阿噶巴尔济被害后，岱总的次子被其母放入小柜，迁走之际，跛足帖木儿将母子皆杀害。因岱总的长子之母被岱总遗弃，子随母在异处，后至摩里海把阿秃儿之处之际，让摩里海听得种种借口，将其杀害。绝了岱总子嗣后，摩里海做了可汗，跛足帖木儿台吉做了王。后，此二部落之诸台吉分为可汗部落、王部落，相互婚娶，改姓氏，称为可汗族、王族。

满都固勒台吉、诺颜博罗特合伙讨伐了摩里海与跛足帖木儿台吉。随后，满都固勒做了可汗。他将从卫喇特而来的男儿封为巴彦蒙克济农之名号，并将兀良孩部乌日韦羞归女儿纳娶予他。甲申年，巴彦蒙克之哈屯生一子，取名为巴图蒙克。巴彦蒙克殁后，满都固勒可汗也无子嗣而殁。后又将满都固勒可汗之哈屯满都海续予七岁之巴图蒙克。巴图蒙克三位哈屯共生十一子，为十一个“博罗特”[④]，后成为博罗特姓氏。其时，哈撒儿后裔全然尚存，故分出布仁[⑤]姓氏。其后又一分为四、相互婚娶，曾这样放荡紊乱地过了一段时间。至大明崇祯七年，即乙亥年，贤明宽宏仁慈的博格达·彻辰可汗[⑥]以仁治理诸多蒙古人时，做出规定并教诲道，将先朝之时分离的诸姓氏归并起来治理，虽有困难，但要以法尊重同姓氏之间不婚娶之习俗。要让娶来之妻回娘家探望，将赏赐之畜归公。要尊重常规之婚娶之法，若有违反者，将以国法论处，等等。据说，将科尔沁、郭尔罗斯、札赉特、杜尔伯特部十旗，乌喇特部三旗，茂明安、阿噜科尔沁、四子部落各一旗，共十六旗之台吉、诺颜作为一姓氏。以此推测青海的厄鲁特，土尔扈特也该是一姓氏。诗云：本是同根众树枝，失和之乱披裂之。最终树叶纷纷落，此般教训心头刻。以此为镶嵌诗，第二十六章终。

［注释］

① 据《蒙古黄金史》阿岱可汗率蒙古军讨伐卫喇特部之际，杀死卫喇特之巴图拉丞相，纳了他的妻子，即脱欢之母撒穆尔公主。

② 马阑勒：蒙语，多义词。这里的意思为愚蠢而鲁莽。

③ 索朗古斯人：汉译《蒙古黄金史》注释“瑞林固特人”时曰：瑞林固特人，也作“肃良兀人”、“娑龙古斯人”、“索朗古斯人”、“锁郎哈人”等。扎奇斯钦认为，此指高丽人。道润梯步认为是指“索伦人”（今称鄂温克人）。胡和温都尔认为，索伦古一语乃色楞格（薛冷哥）一词的变音。篾儿乞惕人居住

在色楞格河流域,因此称索朗古特人。

④ 博罗特:见十九章注释③。

⑤ 布仁:蒙语,意为完全的、全然的、整个的、全部的。

⑥ 据史籍记载,1636 年(明崇祯九年,清崇德元年)3 月,漠南蒙古十六部四十九个封建主聚会于盛京(今沈阳),承认后金皇太极为蒙古可汗大统的继承者,并奉上“博格达·彻辰可汗”(意宽温仁圣皇帝)尊号,奉戴为共主。同年,皇太极改国号为清,即皇帝位,改元崇德。

[译文]

先前言论过的阿岱可汗之子为杜古泰墨儿根、阿郭泰墨儿根,彼之子赛谟勒呼希克济,彼之子库绥青三、库僧黑鄂尔勒克。库绥之子鄂贝青三、博贝密尔赤、陶克图儿青三、鄂其儿哈喇昔巴儿、杭亥鄂特欢,此五人。鄂贝之子卡儿旦、扎岱青三,彼之子吾尔卫征、楚库尔,彼之子胡堆、额尔得尼诺木齐。博贝之子哈尼诺颜洪果尔,彼之子拜巴噶斯巴图尔、图鲁拜琥顾实可汗、图木泰昆都伦杜鲁格齐、托尼克札萨克图、宝颜鄂特欢,此五人。拜巴噶斯之子鄂齐尔图薛禅可汗、阿巴赖诺彦。顾实可汗之子为吉格失胡墨儿根、伊勒多济阿赤喇、薛禅浑台吉、多尔济达赖浑台吉、达阑泰胡日麻叶、额尔德尼岱青、什格吉阿玉什、巴延阿布该、衮布察干、达什巴图尔亲王,此十人。库僧黑之子根只库斯勒吉雅太保。他们为青海之厄鲁特也。

根只古鲁克之子阿达里墨儿根,十九岁时与脱欢帖木儿可汗一同逃出。阿达里墨儿根之子移松古、哲古、脱忽。

哲古之子恩克,彼之子宝缀,彼之子哈尼,彼之子齐齐博罗特,彼之子巴雅吉忽、巴彦孟克。巴雅吉忽之子忽晖,彼之子布塘达尔罕台吉,彼之子宰桑土谢图、布尔图哈都棱、锡宝巴图尔台吉、哈日达忽,此四人。宰桑土谢图之子鄂仁寨。锡宝巴图尔之子哈日玛。布尔图哈都棱之子满都失、满失里。满失里之子巴松尔。哈日达忽之子陶不思克、芒乃。巴彦孟克之子楚荣忽泰,彼之子哈茹那,彼之子根只亥,彼之子玛合失喇、宝迪失喇、苏宁、萨扪,此四人。

脱忽之子赛玛亥,彼之子赛音图,彼之子呼图克图,彼之子杜伦,彼之子脱穆勒呼、脱豁脱娃、恩克呼。脱穆勒呼之子挪依、乌由布喇儿。挪依之子图儿晖、杜晖、浑堆、呼波晖、沙忽儿、浩玛亥、帖木儿齐、矛台、脱忽赉、塔哈、赤那、陶呼,此十二人。图儿晖之子巴儿松、巴儿忽台。巴儿松之子阿弼台、乌巴什。阿弼台之子温德儿忽、阿尔必斯忽。巴尔忽泰之子浑泰,其子巴德玛、达尔玛、达尔玛斯、那木塔尔、兴达尔,此五人。杜晖之子杨浩海、车臣,彼之子为乌尔吉卫征、巴德玛、噶尔玛、达

尔玛、安哈、安哈勒珠儿、阿明、阿弥坛、诺木齐、乌巴什，此十人。呼波晖之子博彦、艾哈那、巴哈赉。博彦之子阿日山，彼之子根只根。艾哈那之子乌班台，彼之子根都格。巴哈赉之子皇台。浑堆等九人的后裔不得而知。

乌由布喇儿之子诺木罕萨日、弘乎泰、弘乎博罗特。诺木罕萨日之子阿日山、阿喇坛郭阿、图雅、乃齐、巴尔图、陶德、朝克图，此七人。札鲁特顾实之书载：乃齐之子鄂其尔，此人转世为文殊师利活佛二世。弘乎泰之子齐齐格，彼之子乌班图，彼之子伊波根、鄂其尔。弘乎博罗特之子弘海、忽必泰、固仁、胡群泰、根只亥、达尔罕、班迪，此七人。脱豁脱娃、恩克呼之子阿亥，彼之子陶克脱乎、诺木图、诺木泰、诺齐泰，此四人。陶克脱乎之子图斤、图雅罕。诺木图之子浩布屯、奥布泰。诺齐泰之子达什、哈吉亥。

移松古之子锡古苏泰巴图尔、兀鲁回墨儿根。锡古苏泰巴图尔之子诺彦博罗特、布里亥。有人将诺彦博罗特当作兀鲁回墨儿根，原因在于诺彦博罗特继承了兀鲁回墨儿根之位。诺彦博罗特系锡古苏泰巴图尔三十五岁所生之子。诗云：三百三十多年间，仅是一十二三代。纵观乱世差错多，谨防老天厌恶之。此为镶嵌诗，第二十七章终。

［译文］

诺彦博罗特之子鄂斯布日，彼之子鄂布齐巴图尔，彼之子赛音巴喇达尔、瑚苏尔泰。赛音巴喇达尔之子贝勒德尔格巴图尔、孛儿帖、兴瑚泰、张瑚尔。

孛儿帖之子巴尔楚哈、巴尔察嘎、巴尔寨、巴布岱、巴图、巴鲁岱、巴珠亥七人，还有从子茂脱鲁格泰，共八人。巴尔楚哈之子巴木拜塔珠、巴拜卫征、巴齐泰巴图尔三人。巴木拜之子哈尔玛、达尔玛。哈尔玛之子唐赫、劳斤、阿南达、推桑、玛失、毕力格、巴日弥德，此七人也。达尔玛之子诺木、诺尔布、哈克图、巴勒沁、侗，此五人。巴拜之子鄂尔赫图、都棱、戈日瓦、多尔济巴四人。鄂尔赫图之子朱德巴、昔日布、诺尔布、阿玉什、珠德尔五人。都棱之子乔札布、哲别、阿玉什。戈日瓦之子萨仁、萨德达、根敦、巴达玛札布四人。多尔济巴之子札弥延、那木尔西。巴齐泰之子答盖、多尔济、保沁、阿南达、阿敏答瓦五人。多尔济之子鄂尔古德格。保沁之子阿赉从、昔日布、昔日三人。阿南达之子推敦。阿敏答瓦之子玛鲁瑚。

巴尔察嘎、巴尔赛、巴布岱三人之后裔名氏未能寻得。寻得后，再予记载。巴图后裔为西公旗哈剌抽①。

巴鲁岱之子桑哈尔寨、奥那海、沙寨。桑哈尔寨之子阿伊、古里格、那木尔察克、班岱、云登五人。阿伊之子栋、布都嘎。古里格之子旺苏克、那木吉喇、耐丛。班岱之子赤林沁、苏那木。那木尔察克之子桑吉噶、劳不沁。云登之子陶亥。

奥那海之子不斯瑚勒，彼之子察合麦、芒哈泰、舍日布、塔布泰，此四人也。

沙塞之子劳斤、布达里。劳斤之子布达扎布。

巴珠亥之子茂里海、茂海、古尔玛、古也、达布昔赫五人。茂里海之子潮赫，古尔玛之子阿日南、摩勒瑚、摩鲁、摩勒灰、达什五人。古也之子那木、那木塔尔。达布昔赫之子一等台吉仲达尔，二等台吉班岱，四等台吉陶尔玛、朱德尔、陶德哈五人。

茂脱鲁格泰之事，不得而知。

兴瑚泰之子昔布海,彼之子安嘎海继茂明安之帖木儿齐之位。

张瑚尔之子张萨、奥布乎。张萨之子胡冉。奥布乎之子奇塔特,彼之子博罗特。其余人,不得而知。若再得知他们于哪个旗如何,如何,便阐明之。

先前言到的陶尔玛之子罗布沁、德格斤、卡尔丹、林花四人。罗布沁有十子,其中第四子为金巴札木素。

瑚苏尔泰之子图瑞、图尔拜。图瑞之子孟嘿、门都嘿。孟嘿之子奥木格图、僧格。奥木格图之子萨尔呼勒协理、沙日布、古仁、巴布噶四人。萨尔呼勒之子韶雅协理、喇布察噶。沙日布之子乌巴什。古仁、巴布噶二人无子嗣。僧格之子根只噶,于喀尔喀蒙冤,官衔被罢。彼之子为珠德尔、阿木古楞、白斯古楞、玛什四人。门都嘿之子毕力格达尔。

图尔拜之子朱嘿和硕齐,彼之子阿昔拜,彼之子贝勒噶泰、哈尔玛、彻德嘿、斯仁四人。

布里亥之子乌尔图晖宝音图、伊昔博罗特、图麦吉雅齐、巴登海太师、鄂厄泰、洪哈尔、孟克博罗呼、脱勒根乌玛昔里,此八人,还有从子博罗特泰,共九人。乌尔图晖之子芒晖、童晖、陶克图博罗呼、赛音哈剌、赛音布尔海、乌瓦迪、厄博噶、浩里、齐那尔、鄂其尔、乌云呼、额僧十二人。

芒晖之子鄂布泰,彼之子楚尔胡勒无子嗣。

童晖之子嘎勒图阿拉克、嘎勒博罗特、哈布哈尔、诺木罕、胡图呼沁五人。嘎勒图阿拉克之子土谢图萨仁汗、萨古喇克、浩亦坦、阿尔善秉图、宝都浑、固穆伊勒腾、厄布噶和硕齐七人。

萨仁汗之子多尔济宝音图、固穆图瑞、达尔玛杜日噶么、桑哈尔寨洪哈尔四人。多尔济汗之子鄂其尔图青三汗、罗布斤。鄂其尔图青三汗之子札萨克台吉僧格,彼之子诺尔布札萨克,彼之子齐旺锡日布札萨克,彼之子根敦札木素札萨克,彼之子萨木坦札木素札萨克。罗布斤之子阿日南、巴德玛。

固穆图瑞之子图玛、图玛剌昔、图巴贝勒、海萨、乌努呼、那图赉、喇巴锡、那陶、乌素九人。图玛之子脱尔玛墨尔根、哈日巴图尔。图玛剌昔之子那日弥。图巴贝勒之子布尔布噶、宝尔吉、班第贝勒。班第贝勒之子罗卜藏锡剌布贝勒,彼之子裕木充贝勒，彼之子衮楚克札布、丹丕勒。衮楚克贝勒无子嗣，其弟为丹丕勒贝勒。海萨之子沙玛、喇布旦。乌努呼之子巴噶素罕，那图赉之子劳斤、斡享。喇巴锡之子鄂其尔、那布塔松。那陶之子鄂吉尼。乌素之子哈克图、乌巴什。

达尔玛杜日噶么之子阿尔南、巴图。巴图之子鄂其尔、诺木罕。

桑哈尔寨洪哈尔之子阿南达，彼之子巴邦。

萨古喇克之子德布锡嘿，浩亦坦无子嗣。

阿尔善秉图之子张瑚尔、张瑚泰、宰什三人。

宝都洪、固穆伊勒腾二人之子不得而知。

厄布噶和硕齐之子索那木、胡茹斯嘿、胡穆斯嘿三人。

嘎勒博罗特无子嗣。哈布哈尔之子海剌松孛阔、宝雅乎卫征。海剌松之子阿拜、瑚堆。宝雅乎之子温奇泰，彼之子宰松、乔巴噶。诺木罕之子不得而知。胡图呼沁之子奥穆克图达尔罕诺彦，彼之子达尔札。诗云：受恩朝廷，领受教化，知晓以诸代根源。倘若怠慢，终将吃亏，请将以礼法治理。以此为镶嵌诗，第二十八章终。

［注释］

① 哈剌抽：蒙语，平民、庶民之意，蒙古社会之众多社会底层人们。

［译文］

脱豁脱娃博罗呼之子巴尔陶海，彼之子拜斯哈勒，彼之子何图、何日呼。何图之子奥布泰、楚鲁么、阿保巴图尔。何日呼之子奥布腾，彼之子诺日木。

赛音哈喇之子巴尔桑卫征、喇克台吉。巴尔桑之子楚鲁噶、巴木巴、宝木巴、图喇巴、塔布泰、诺木罕六人。前三人之后裔不得而知。图喇巴之子达尔玛、奥木布、宝喇泰。达尔玛之子达尔罕宰桑那木那、沙克杜尔。那木那之子丹巴，沙克杜尔之子唐古惕、努素、布荣晖。奥木布之子达尔札、奥日呼图克。塔布泰之子布尔罕图，彼之子胡喇齐、桑哈尔吉、索诺木、那木尔札四人。胡喇齐之子阿玉什、固什、乔多吉、阿穆古朗、赤那、贝勒德尔、固力噶七人。桑哈尔吉之子扪都，索诺木之子孟克，那木尔札之子胡斯尔齐。

诺木罕之子墨儿根卫征巴率，彼之子陶克泰、索那木泰。陶克泰之子乔斯克布。索那木泰之子朝克图、裕穆。

喇克之子土默特卓日克图、矛泰达尔罕。土默特之子额尔德尼、固日格萨尔宰桑。额尔德尼之子恩克，彼之子奥穆克图，彼之子毕力格。矛泰之子亲台吉、乌巴什海吉。

赛音布尔海之子布嘎么，彼之子塔泰，彼之子苏和齐诺彦、宝德海台吉。苏和齐诺彦之子阿喇乎、塔喇乎、图那乎。阿喇乎之子瑙德齐、布达里。瑙德齐之子宾柱、铜由克、喇克屯。宾柱之子劳斤、诺尔布。布达里之子毕力格、乔札么、阿玉什。毕力格之子拜斯古朗，彼之子楚茹么。乔札么之子鄂斯巴哩、多尔济。图那乎之子张瑚尔、宝木布呼尔。张瑚尔之子宝木拜。宝木布呼尔之子达尔玛、达尔玛什。宝德海之子浩宁、阿弼岱。浩宁之子苏宁、巴达理、南充、查罕四人。阿弼岱之子乌瓦迪等七人，之后裔不得而知。

孟克博罗呼之子巴胡赉，彼之子沙喇诺彦、白斯呼、白升豁尔、玛塔喇玛惕哈多黑申。沙喇诺彦之子胡勒图多尔孛阔，彼之子乌巴什、薛禅、奥宾青、伊利腾巴图尔、博喇住和硕齐、布屯达尔罕六人。白斯乎之子艾杜、昂哈泰二人,其后者不得而知。

伊昔博罗特之子奥鲁海、孟克吉、巴雅尔、额勒只根、巴岱、毕脱罕、吉玛喇海等。奥鲁海之子阿喇吹,彼之子海萨、阿必岱、杭嘿泰、阿弥杜、宰桑、安塔罕、阿日斤、塔日裁、达呼、达岱、喇呼、奥日勒岱十二人。海萨之子额伊和硕齐。杭嘿泰之子候享巴图尔、萨图失。其余者不得而知。巴雅尔之子阿拜图,彼之子沙尔曼。巴岱之子毕日图、彼之子萨麦、彼之子德不泰充。其余者不得而知。图麦吉雅齐之后裔,以后续写。

从巴登海太师到博罗特泰虽有名氏,而未发现其后裔。平素常听得言谈者说:此部处处受胁迫而去,虽在甚么甚么旗,却如何如何,又向何处去矣。此乃听觉之耻辱,且止。

图麦吉雅齐之子奎孟克、塔斯哈尔、巴浑塔布囊、布尔海敖特欢四人。奎孟克之子博第达喇珠尔胡勒、阿穆达尔哈勒珠二人也。博第达喇之子齐齐嘿巴图尔、纳穆赛图喇勒、乌巴什敖特欢、阿敏达尔罕、爱纳噶薛禅、额勒只根卓日格图、陶德达哈喇、诺雅泰洪果尔、白升敖特欢,此九人也。

齐齐嘿巴图尔之子翁果岱胡喇齐、瓦察赉、锡喇克沁、哈布泰、奥穆布、布布泰六人。

翁果岱胡喇齐之子奥巴土谢图可汗、布达昔札萨克图、巴噶岱青三人。奥巴之子巴达礼土谢图亲王,彼之子白斯呼楞王、沙津贝勒、毕力格图、宝音图、鄂其尔、宝德达六人。白斯呼楞之子阿日善王、索只格图。阿日善之子鄂勒德布图、噶日勒图、劳巴、鄂勒斋图、萨布腾、呼图克、额尔和、多尔济喇锡、巴达喇呼九人。鄂勒斋图之子阿喇布坦王、喇锡、多尔济、索那木四人。阿喇布坦之子垂札布王。

沙津贝勒之子阿必达贝勒、阿穆尔里呼、迪彦齐三人。阿必达贝勒之子多尔济贝勒、诺门仓。

毕力格图之子矛罕、矛泰。

宝音图之子宝岱、毕玛勒。

宝岱之子诺木齐、鄂日和图、衮楚克三人。

鄂其尔之子阿日勒呼、毕力贡达赍。

宝德达之子索德那木旺吉剌。

布达昔札萨克图之子拜斯噶勒札萨克图郡王、拜嘎勒、海赍、海斯呼、诺尔布、亦林沁,多尔济、曼珠师利、固穆、楚斯克、额尔德尼十一人。拜斯噶勒之子鄂齐尔王、毕克。鄂其尔之子塔玛、布图噶勒图、阿萨喇图、何日噶图、萨祜拉克王、那苏图、钦德穆尼、达尔札。萨祜拉克之子沙津德力格尔王。据说,陶德达哈喇、诺雅泰洪果尔、白升敖特欢之后裔也在此旗。额勒只根之七子虽失去官衔而告终,却也是博第达喇家世之人。诗云:多年松树不沾垢,一年草木便干枯。恒久义节世代传,恭敬守义理应当。以此为镶嵌诗,第二十九章终。

［译文］

纳穆赛图喇勒之子莽古斯札尔胡齐、明安达尔罕、额日洪果尔秉图三人。莽古斯札尔胡齐之子宰桑孛阔、奥勒布宰桑。宰桑孛阔之子乌克善卓日克图亲王、索那木郡王、察干厄布根贝勒、曼珠师利达尔罕亲王四人。

乌克善之子宝德达、满达、达尔玛、劳松、铜嘿公、宝木巴齐、诺尔布、哈阑海、巴萨、班第公、隋泰、萨塔尔、萨木呼尔、弥勒达哈尔王、珠伊、珠勒札噶、额尔德尼、都勒巴十八人。

弥勒达哈尔之子巴雅尔王、拜柱都力巴王。都勒巴王之子巴德玛王，彼之子阿勒坦格日勒王、卡勒巴日克察。阿勒坦格日勒之子札木巴勒札木素王、旺索克、萨布腾、巴勒多尔济四人。札木巴勒札木素之子恭格喇布坦王，索那木王之子奇塔特王、桑哈尔寨、额森、巴特尔四人。奇塔特之子额尔德尼王，彼之子毕力格图，彼之子诺扪额尔赫图王，彼之子桑布喇锡王。

察罕厄布根贝勒之子乔尔济贝勒，彼之子鄂齐尔贝勒、诺木齐额附、额尔德尼额附、诺门德力格尔、毕力贡达赉公、墨儿根毕力格图、达赉敖特欢七人。鄂齐尔贝勒之子巴克什呼尔贝勒，彼之子阿喇布坦贝勒。毕力贡达赉之子阿日玛素贝子，彼之子达尔玛达都贝子，彼之子巴勒珠尔贝子。曼珠师利王之子和塔王、札勒布、玛尼、塔岱、巴噶齐、额尔和、额尔德尼、阿必腾、阿其图九人。和塔之子班第王，彼之子罗卜藏衮布王，彼之子喇锡那木吉勒公、色旺诺尔布、色布腾巴勒珠尔额附巴图尔亲王三人。奥勒布宰桑之子巴图，彼之子乌尔图那苏图、额尔德尼、察布海、毕力贡达赉四人。乌尔图那苏图之子色楞。额尔德尼之子罗布斤。察布海之子阿喇布坦、旺苏克。毕力贡达赉之子巴喇丹。

明安达尔罕之子栋国尔伊勒图齐、达呼尔哈丹巴图尔、多尔济伊勒屯、桑哈尔吉亲巴图尔、索那木岱青、翁胡孛阔、齐奴乎额尔和、桑吉诺木齐、巴德玛楚特克尔、哈那墨儿根、巴噶喇诺木齐、斯日古楞诺彦、厄布根诺彦十三人。

栋国尔伊勒图齐之子彰吉伦郡王，彼之子布达礼王，彼之子雅嘎赉王，彼之子岱布王，彼之子阿喇布坦王、罗卜藏喇什王、特穆茹协理三人。罗卜藏喇什之子齐默德多尔济王。达呼尔之子呼穆斯赫，彼之子伊喇呼逊，彼之子诺门仓。多尔济之子嘎喇图，彼之子根敦。桑哈尔吉之子喇岱。索那木之子博达锡喇，彼之子亦林沁。翁胡之子喇玛斯赫，彼之子乔札布。齐奴乎之子色楞，彼之子巴木巴。桑吉诺木齐之子吉日噶朗，彼之子达宝、巴达玛汗，此二人无子嗣。巴噶喇之子松、斯日古楞无子嗣。厄布根诺彦之子班第斯嘎，彼之子额尔德尼、斯钦。

额日洪果尔秉图之子矛寨、额森秉图郡王、巴登达尔罕、楚尔呼勒、巴鲁、额岱六人。矛寨之子贝勒噶、海萨、哈勒巴固尔、牡伦、锡日五人。额森之子乌济彦王，彼之子达达巴王，彼之子宜什班第王，彼之子喇德纳札木素王。

巴登之子诺尔布，彼之子布日耐。

楚尔呼勒之子塔布噶、博噶素、台柱、塔萨四人。

巴鲁之子乌泰、哈喇奇塔特、索那木三人。

额岱之子卡巴喇、鲁毕浩依、劳布斤、道尔格都统四人。

乌巴什敖特欢之子宝音图艾齐、芒呼诺彦。宝音图之子宝德达、衮布、色楞、桑哈尔四人。宝德达之子阿穆嘎、道穆楚克。

衮布之子昂哈公、札木素、阿南达、哈尔玛四人。昂哈公之子玛噶善公，彼之子额尔德尼、诺尔布公。诺尔布公之子色旺札布公。札木素公之子乌鲁海、哈喇呼沁。阿南达之子浩昌协理，彼之子哈塔吉勒鄂其尔、伊克阿穆图诺日布。哈尔玛之子尼格泰巴雅尔、安岱巴雅尔、巴罕巴雅尔三人。

色楞墨儿根之子札木素，彼之子瑚尔勒斯、札萨克台吉毕力贡鄂其尔、瞰迪巴雅尔、乌尔图那苏图札萨克四人。毕力贡札萨克之子阿玉什、班第、察浑札萨克、赛音乌云图、格日勒图五人。

桑哈尔之子布都噶、额尔齐木、楚宝、札木彦、那木尔吉勒五人。布都噶之子哈勒德麦、浩勒德麦、斯楞、阿吉给达四人。

额尔齐木之子察喇呼、衮呼泰、矛鲁三人。

楚宝之子巴雅尔、那顺、额尔和、乌尼德、乌巴什、阿穆古朗、矛鲁推七人。

札木彦之子毕力格、图努玛勒。

那木尔吉勒之子胡鲁德、达尔札。

芒呼诺彦之子宝木巴伊勒腾、札玛喇巴图尔、斯日古楞斯钦三人。宝木巴伊勒腾之子郭尔罗斯之札勒布公,彼之子阿迪锡喇公、乌力吉、毕力格、阿努喇噶齐四人。阿迪锡喇公之子巴图公、毕力格图、萨嘿噶齐、贝嘿四人。巴图公之子多尔济公。

札玛喇巴图尔之子阿玉什、海萨、图巴、图勒巴、阿尔善达赉五人。

斯日古楞斯钦之子奥木布、萨奔、萨尔布、阿必达、札木素、巴德玛、厄布根、鄂其尔、乌力吉、毕力格图、阿玉什、乌云图十二人。

阿敏达尔罕之子额森那仁台吉、额斯泰亲巴图尔、洪瑚泰台吉、摩么格哈屯巴图尔、图麦卫征、明嘎泰岱青、墨儿根伊勒腾、门豁瓦和硕齐,索那木墨儿根、多儿济台吉、班第伊勒图齐、固茹诺木齐、萨嘎寨墨儿根十三人之第八者门豁瓦和硕齐之子色棱贝子、浩必、贺希格、巴达喇、塔沙、伊德穆、班第七人。札赉特之色棱贝子之子毕里格图贝子,彼之子纳逊贝子,彼之子特古斯贝勒,彼之子乌察喇图贝勒。

多尔济岱青之子色登达什、陶呼泰。

班第伊勒图齐之子呢默斯嘿、巴雅尔、达尔吉勒、瞰迪、巴音、阿岱六人。他们失去官衔,曾受卓日克图亲王之奖赏。

爱纳噶薛禅之子阿都齐达尔罕、衮布朝克图、宝力格图台吉、桑哈尔吉诺彦四人。阿都齐之子杜尔伯特之色棱贝子、何日木泰达尔罕、索那木巴图尔、阿斤达巴图尔、亦林沁台吉五人。色棱贝子之子锡里、诺尔布贝子、奥木布台吉三人。锡里之子乌尔图那逊、萨特、图努玛勒、沙津、苏吉噶图、毕力贡六人。诺尔布贝子无子嗣而故去,沙津做了贝子。沙津之子旺索克、巴图贝子、玛什、达尔札、达噶、乔札布六人。巴图贝子之子巴勒札尔贝子、达呼尔。

额勒只根卓日克图之子奥穆噶图哈屯巴图尔、朝克图墨儿根巴图尔、哈勒图亲巴图尔、海日薛禅巴图尔、海呼宾齐巴图尔、宝音图苏日嘿巴图尔、萨杜尔哈勒珠巴图尔七人。

奥穆噶图之子布噶勒吉、桑赉。桑赉之子塔图尔、阿斤达、札那给。

朝克图之子多尔济、海萨、札嘎勒。札嘎勒之子额尔德尼乌云图。

哈勒图之子宝图楚浑、喇噶。喇噶之子乌喇、彼之赛音察噶。

海日无子嗣。

海呼之子达赉、岱哈勒。达赉之子贝勒格泰,彼之子固鲁,彼之子胡奇图。岱哈勒之子阿日南,彼之子德力格尔。

宝音图之子嘎穆泰、哈碑。嘎穆泰之子奥依达,彼之子葛根。哈碑之子达尔敦、乌尔图那苏图。

萨杜尔之子巴札尔。

以上这些人之祖先——七位"巴图尔"骄横成性,恣意妄为,终于受牵连,自遭惨败,后裔沦为奴婢,被分置于科尔沁十旗。

陶德达哈喇之子杨固茹,彼之子萨穆。

诺雅泰洪格尔之子僧格、沙日勒岱。未闻得他们的后裔之名声。

阿穆达尔之子哲噶尔德诺彦,彼之子图美卫征,彼之子喇布斯克诺彦、博迪锡里。

喇布斯克之子斯棱公、尼玛岱、阿玉什三人。斯棱公之子都失嘎尔公、毕力格图、额尔德尼三人。都失嘎尔之子阿尔善达赉、图努玛勒公、伊博勒、乔札布、巴图、多尔济六人。阿尔善达赉之子阿喇布坦、图努玛勒,图努玛勒图之子喇嘛札布、公达什、赛音乌力吉、阿南达、多尔济、萨嘿勒图六人。毕力格图之子德力格穆勒,彼之子巴图协理。额尔德尼之子乌尔图那苏图、玛哈锡里。乌尔图那苏图之子沙津敖日锡呼。玛哈锡里之子宝德卡里。尼玛岱之子喇斯巴、毕力贡达赉、巴德玛达赉三人。喇斯巴之子伊利仓、鄂其尔仓。伊利仓之子雅杜、萨玛岱。毕力贡达赉之子陶克图呼,彼之子罗布桑。巴德玛达赉之子陶克图呼勒、吉日嘎勒。阿玉什之子宝德达,彼之子宝音图、班岱。宝音图之子锡库尔。

博迪锡里之子阿布达、图格穆勒、毕力贡达赉三人。阿布达之子鄂其尔协理、伊勒屯。鄂其尔之子毕玛喇协理、色日布、萨仁晖、喇什、达噶斤五人。毕玛喇之子旺索克。伊勒屯之子呼日嘿,彼之子萨噶札布。图格穆勒之子卓德巴、多尔济。卓德巴之子芒哈吉。多尔济之子珠勒嘿、孟和吉呼。毕力贡达赉之子沙津德力格尔。

诗云:文殊菩萨之活佛,为我等创立宗教,将其振兴之,供奉之,头等福分如此也。永世不分之百姓,众多蒙古庶民,将其保佑之,扶助之,吉祥福祉如此也。圣洁明理之法度,倘若永久不舍遵循之,现世企望成就也,久远事宜和谐也。以此为镶嵌诗,第三十章终。

［译文］

巴衮塔布囊之子肖那、诺木图昆都伦岱青、昆都诺彦、哈贝巴图尔、努雅泰敖特欢五人。诺木图昆都伦之子巴尔察诺彦、乌弥孛阔、博寨墨儿根、衮布道剌斯呼、巴木巴楚特克尔、固茹卫征、阿宝什斯钦、班布尔卓日克图、萨穆朝克、达赉楚特克尔、泰哈勒诺彦十一人。十一人之中第十者达赉楚特克尔之子穆彰浑台吉，彼之子珠勒札干王、沙克都尔、旺希噶、斯楞、额森五人。

珠勒札干王之子色棱王、垂依王、昭萨、铜瑶、阿克充、巴德玛、鄂其尔图、乔达尔、喇德南九人。色棱之子根都斯嘿巴、喇什、厄摩根、旺札勒贝勒四人。旺札勒之子达克丹贝勒。垂依王之子穆宁贝勒，彼之子乌尔图。

泰哈勒之子桑哈尔寨，彼之子阿玉什，彼之子桑吉，彼之子达什。

哈贝巴图尔之子昂哈、通贡、楚特克、珠隋巴图尔、毕拜孛阔、奇塔特台吉、昂哈勒珠尔墨儿根、昂哈台吉、宝音图九人。

努雅泰敖特欢之子僧格墨儿根和硕齐、奥穆布达尔罕卓日克图郡王、索那木达尔罕、额尔齐穆墨儿根四人。僧格之子脱日摩斯、固日、奥日噶达喇三人。脱日摩斯之子海萨协理，彼之子班岱、巴雅尔、呼图克、白斯固朗、鄂仁仓、图布信六人。奥穆布王之子毕拜王，彼之子沙克杜尔王，彼之子丹巴朋索克，彼之子桑吉札布，彼之子阿喇布坦多尔济王。索那木达尔罕之子诺木齐。额尔齐穆之子乔斯克，除此之外，不得而知。

布尔海敖特欢之子赖噶、宝音呼、阿喇斯呼、宝日呼、巴尔塞五人。赖噶之子巴罕泰薜禅、阿尔什、阿喇腾呼、阿日寨和硕齐、阿敏岱五人。

巴罕泰之子巴布呼、巴布岱、达尔敦、温海、堆哈丹巴图尔、楚茹噶泰、杨萨七人。

阿尔什之子乌班、乌巴什、塔喇图、色楞、杜尔图五人。

阿喇腾呼之子艾齐、艾察嘎尔、昂哈、宝都、都鲁德五人。

阿日寨之子图们达尔罕台吉，浩日晖。图们之子镇国公乌班、乌勒奔、赤那、锡勒博、额尔赫图五人。乌班公之子巴勒杜喇公，彼之子巴勒图公，彼之子阿玉什公，彼之子诺们公，彼之子达尔玛泰公，彼之子达尔玛锡里公，彼之子达尔玛荷日迪公，彼之子达尔玛里迪公，彼之子卡喇桑车凌无子嗣。彼之弟卡喇桑劳瑞做了公，又无子嗣。彼之叔父吉噶穆德多尔济继札萨克镇国公，做了该盟之长，又无子嗣，彼之侄子巴图鄂其尔继了萨克镇国公之位。

巴图鄂其尔之长子巴勒丹桑日布，次子栋斤札布，三子卡喇丹旺楚克多尔济继承了札萨克镇国公之位。

卡喇丹旺楚克多尔济之长子玛尼巴札尔，次子衮苏荣札布继承了札萨克镇国公之位，三子色旺诺尔布，四子玛什巴雅尔，五子巴勒吉宁布，六子则是被称为协理贝赫纳逊的珠林嘎。衮苏荣札布之长子额尔德尼珠喇，次子丹毕尼玛，三子哈斯巴札尔，四子也昔那木塔尔继承了札萨克镇国公。

阿敏岱之子毕吉、墨登。毕吉之子额日嘿、萨巴、沙占、沙尔札、奥穆瓦、奥穆格图六人。

宝音呼之子楚尔根、楚荣、苏日玛、车吉、道布五人。

阿喇斯呼之子潮给勒、巴日海、巴雅尔图、青达噶四人。潮给勒之子沙日勒岱、锡喇噶沁、杨山、札海、图津、墨德晖六人。巴雅尔图之子巴达玛、奇德玛。青达噶之子乔尔济、楚特给、道给三人。

宝日呼之子茂差、墨尔齐、贝赫、察察尔、白升、温海六人。茂差之子岱青、多尔济固藏、乔日、宝木巴、孛阔巴达理五人。岱青之子阿南达、阿玉什、奇呼喇三人。阿南达之子巴日玛德。阿玉什之子阿日充、苏岱。奇呼喇之子博尼、卡尔毕、萨特、诺尔布四人。多尔济固藏之子阿日嘎图、阿岱、乌尔图那苏图三人。阿日嘎图之子锡库尔、阿穆固朗、巴彦、赛音、阿雅斯、乌达六人。阿岱之予萨玛岱、迪彦、沙巴里三人。乌尔图那苏图之子塔哈勒、吉日嘎勒、札木素、固穆札布四人。乔日之子巴日玛德，彼之子玛勒吉嘎、班盅海、班岱三人。宝木巴之子那素，彼之子喀尔喀、乌勒德、浩统三人。孛阔巴达理之子满珠，彼之子沙日布、吉日噶朗、巴布、根杜斯嘿博、芒哈尔五人。

墨尔齐之子杜日札木素、博楞达尔罕和硕齐、塔玛失三人。杜日札木素之子温呼泰,彼之子伊斯噶博、班岱、道毕、乌巴什、哈日呼、洪哈尔六人。博楞达尔罕和硕齐之子巴奔,彼之子都棱、札木素。塔玛失之子吉茹和、巴雅尔。吉茹和之子萨嘎巴。巴雅尔之子沃亨、奇布丹。

贝赫之子固穆、萨嘎呼。固穆之子哈吉海,彼之子阿日南、达吉。

察察尔无子嗣。

白升之子奥穆噶达尔罕台吉,彼之子阿喇嘎尔、哈昧、哈寨三人。阿喇嘎尔之子诺尔布、宝岱、诺木齐、纳德、南达、萨噶吉德、萨噶斤七人。哈昧之子毕力格、阿日嘎、安巴、浩木巴四人。哈寨之子敖特哈勒、乌根。

温海之子博迪里、博迪锡里、丙图、阿吉雅、乌察喇勒、劳斤六人。博迪里、博迪锡里均无子嗣。丙图之子弥纳,彼之子萨奔图、桑嘎尔锡博、阿那赉三人。阿吉雅之子塔岱、喇嘛斯克。塔岱之子安答里、喇巴里、喇巴札布、珠堆。喇嘛斯克之子迪彦。乌察喇勒之子乌吉么、乌尼斯噶、乌根三人。乌吉么之子乌盅,萨玛札布。乌尼斯噶之子满都呼。乌根之子迪彦。诗云:自从哈撒儿,历经多少代,安然继承至如今。仰仗清廷,封为台吉[①],缘由先祖积贤德。请信奉之,崇拜之。以此为镶嵌诗,第三十一章终。

[注释]

① 台吉:蒙古族贵族的称号。

[译文]

布尔海敖特欢之子巴尔塞，彼之子哈勒图、哈尼斯、哈尼泰、陶敦、陶德乎、苏弥尔六人。哈勒图之子苏和墨儿根，彼之子札德喇，彼之子喇布噶，彼之子奇斯给博。

哈尼斯之子哈布、奥布晖、德穆泰、阿博嘎勒岱、色棱伊勤腾公、敖穆噶、奥穆赉七人。哈布之子阿拜图卫征、堆卓日克图、萨塔尔三人。阿拜图卫征之子巴达里、海萨、鄂其尔、乌根、阿日嘎五人。堆卓日克图之子卓勒吉嘎、满珠、塔雅呼、白斯古朗、白图、班岱六人。萨塔尔之子巴日玛德。奥布晖之子萨蒙、萨嘣、僧格、萨博勒岱、萨拜、鄂德格、卓勒。萨蒙之子德斯根、陶日达呼、奇努乎、哈喇奇塔特、博日奇塔特、喇嘛斯嘿六人。萨嘣之子博日克、索伦、额日克三人。僧格之子顾实、公二人。萨博勒岱之子喇噶苏、南充。萨拜之子沙津、珠温、沙日泰三人。鄂德格之子齐彦、固穆达、阿日善、阿荣四人。卓勒之子伊若勒。

德穆泰之子阿都齐、乌博噶寨、昂嘎三人。阿都齐之子劳德嘿。乌博噶寨之子吉日噶朗，班岱。昂嘎之子鄂其尔、乌根、巴雅尔。阿博嘎勒岱之子阿都海、素呼、呼努噶三人。阿都海之子巴德玛、巴日玛德。巴德玛之子额林沁、沙日布、奥日黑泰。巴日玛德之子宝勒吉嘎、泰塔噶、额讷特珂克三人。素呼之子奥蒙达，彼之子诺木齐、统由、哈日呼三人。呼努噶之子达日玛、伊斯赫博、班岱三人。伊斯赫博之子满珠、道布沁、三世文殊师利活佛三人。班岱之子色噶札布，根札布。

色棱公之子巴噶巴海公、拜塔罕、楚禅嘿公三人。巴噶巴海之子阿南达无子嗣。拜塔罕之子白斯古楞、宝木巴什、沙噶图三人。楚禅嘿公之子达尔玛公、沙津、图岱、阿赉充、阿毕达、巴鲁六人。达尔玛公之子奥勒嘣公，彼之子乔札穆素公、旺楚克台吉、阿穆尔林贵公三人。乔札穆素之子苏玛迪赫日泰无子嗣。旺楚克之子松日布。阿穆尔林贵之子贡克喇布坦公、贡克尼玛、贡克达瓦三人。

敖穆噶之子宝德达、韶达、阿姆、达尔玛、僧克五人。宝德达之子栋，韶达之子巴日玛德、石达、巴雅尔三人。僧克之子朝克图。

奥穆赉之子陶克阑，彼之子班岱、图岱。

哈尼泰之子固穆、图巴公、桑哈尔寨、印登、班岱、朝克图孛阔、脱忽阿布日固、芒哈、芒哈勒岱巴图尔九人。固穆之子色尔吉，彼之子旺素噶。

图巴之子镇国公海色、固茹、阿巴札、巴达尔赫四人。海萨之子韶萨、察玛、察木察公、锡里四人。察木察之子都棱公，彼之长子阿什公无子嗣，次子锡喇布做了公。锡喇布之子索诺木札木三，彼之子索诺木喇布坦公，彼之长子车布登栋罗布公，次子为墨儿根喇嘛之活佛也。固茹之子白斯古楞、达日雅勒、多尔济三人。巴达尔赫之子喇嘛札布、塔扪、乌珠噶、班岱、札木素、桑图，此六人也。

桑哈尔寨之子哈尔玛、宝鲁。哈尔玛之子巴达玛札布、乌巴什、沙尔、唐古特、劳斤五人。

印登之子奥日斤，彼之子布温，阿玉什。

班岱之子乔斯赫博、纳林达、达尔玛三人。乔斯赫博之子奇塔特、鄂其尔、札博三人。纳林达之子奥噶、奥日海、鄂其尔、土伯特四人。达尔玛之子察勒宝、察玛、沙玛、色楞、呼图克五人。

朝克图孛阔之子布达锡、僧嘿、哈尔玛、统晖、玛哈锡喇五人。布达锡之子固玛里、曼殊师利、阿玉什、巴鲁、巴札尔五人。僧嘿之子宝鲁、宝穆巴呼尔。哈尔玛之子鄂其尔、锡德、巴札尔、苏呼尔四人。统晖之子乌巴达尔、阿日麦、额斯日呼、诺木齐四人。玛哈锡喇之子玛哈卡石博、噶札克石博、阿玉什三人。

脱忽阿布尔固之子达什、喇赫白、图斯哈尔、奇塔特四人。达什之子萨日奥亨、萨玛嘎。萨日奥亨之子厄日齐噶尔，彼之子阿喇布寨。喇赫白之子宝鲁、浩吉噶尔、都内、乔勒嘣四人。

芒哈之子达什、巴伦、洪哈尔、色仁、阿必达、达扪、达噶津七人。达什之子札鲁达、白斯古朗、察哈泰、阿南达四人。洪哈尔之子沙喇呼、毕玛喇。色仁之子乌巴什、札木三。阿必达之子矛亨、班岱。达扪之子乌巴什。达噶津之子毕萨尔。

芒哈勒岱巴图尔之子昂嘎、楚伯噶尔。昂嘎之子巴玛、达玛。楚伯噶尔之子温努哈、肖嘎、沙津达赉三人。

此乃只是世系之谱的边角。将此后之谱系交予所属苏木主持者编撰。祝愿恒久安乐之子孙繁衍。诗云:五色四夷,尊卑之众,文才武艺,两都需用。更要知晓,亲族世系,崇尚礼仪,此乃良臣品行。以此为镶嵌诗,第三十二章终。

［译文］

正如五世达赖喇嘛所著《西藏王臣记》里所言，人生在世，当需良言，朝政创立，应定恒规。早先我四十万蒙古，兴旺昌盛之际，有聆听之良言，规定之礼法。历史情由明了，劲头兴致勃然，治学修道勤勉。惬意者中的贵人，堪称圣人之哈撒儿，传承几代，占据国度。在那劫难之际，额勒伯克可汗，引发失误之事端，马阑勒济农，了却失常之偏颇。众多之庶民，尝尽了无度的苦难。虽有俗话说，安宁之末，乱世开始，动乱之久，平安到来。但溯其原委却是，人有何种行为，则获得何种业果。且看现时家族，倘若父子相爱，兄弟相和，叔侄投情，夫妻娴静，则元气上升，家事和谐。倘若父子乱尊卑，兄弟失和睦，亲戚不分辈数，夫妻互讲坏话，此般家族，顿失福祉，断骨肉，离子孙，折寿命，老天爷厌恶之，口角、疾病、死亡降临。以此譬喻，何人遵守礼仪气节，则能受得苍天恩佑。五常者，仁义礼智信，称之为“五色四夷”。大而言之，是体现于宇宙的成规。小而言之，是容纳于个体的属性。就朝政而言，是文韬武略之学业。何谓“五色四夷”？仁者，柔软的木；义者，坚硬的铁；礼者，炽热的火；智者，寒冷的水。柔软、坚硬互为夷（异），炽热、寒冷互为夷（异）。仁与义，两者相称，礼与智，两者相称，形成阴阳，故为“四夷”。信者，属性为土，遍布大地，非“夷”，无“夷”也，非“多”，非“一”也。与之相合，故成“五色”。

禁杀生，仁也。不偷盗，义也。不邪淫，礼也。忌粗言，智也。不妄语，信也。仁，此乃平等性智。义，此乃成所作智。礼，此乃大圆镜智。智，此乃妙观察智。信，此乃法界性智。这些也可谓显密经典之学业。

而尽管如此，一些无功德自负者、无学问倨傲者，如同愚钝之头脑，听不进精细之言语，故只这般概括。在那劫难之时，因贪欲而泛起了癫狂之迷雾。世系之卷如同乘骑了可驱散此般迷雾之快马，宛若太阳升起。因此，天龙八部[①]之莲花笑逐颜开，在有情之众聚集之际，将尽享和睦亲切的蜂蜜喜宴。

在远古之一分时，众敬王扶助众生，成为盘踞之王，其后裔历经几度朝代，权势依旧,终被誉为四大种姓之尊。可知此般因缘,乃尊贵之祖先从仁、义、礼、智成为信所致也。

目察时代景况,虽说缘生当时风尚,还有先世所积因果,但最终因缘在于处世之人何如。且看同一宗族,有人显达富贵,有人受压沉没,甚而充当奴婢。再看某些达官,小视政教事宜,为人异常势利,轻看信誓诺言,离异宗族亲情,鄙弃家世祖宗,心怀狡诈鬼胎,张扬霸世淫威。面对此般贵人,我等礼仪之士,怎能叩首下拜?堪称宗族的金银已价值不存、堪称亲戚的铜铁被沽以高价。针对此般事情,撰著世系之书,徒然疲倦劳神,若同祖达地方,行走双脚之人[②],明知成为“非人”,却若被击之鼓,不能无声忍受。大人晓谕提及,此事非同一般,着手纯属不易,超越更觉艰巨。宛若羡慕秃鹫飞翔,苍蝇跟其轨道飘动,不能攀越先人品级,却大胆著述异样抖擞。喜好之道理颇多,不能使其珠联璧合,只是以思想之感受,寻找适宜之窍门,如此著述撰写。此番情景酷似以愚痴的胆量,张开强劲的弓箭,射向遥远的箭牌。倘若有幸命中,纯属天赐良机,倘若截然偏离,视作孩童胡言,恭请贤哲见谅。费尽心思苦苦查阅、用尽心血孜孜撰写,著成黄金般的新意史册,恭请诸位考究勘正。一些品行败坏者,可能视为石子,远远抛弃之。一些智慧聪颖者,可能当作正品,常常看重之。对于否认宗亲的淫荡之人,就像不认铜铁的钢锉一般,终究被视作有碍之物。那等傲慢的昏庸之辈,也会口吐猥亵之语。明智、气节双全者,想必常常顾及之。那等不孝之徒,逆时倒行,恣意扬起作恶之尘,怎能埋没书卷、著者,只能落至蠢牛头颅。如此这般真可谓,因骄姿而遭倒运,因蛮横而寻碰壁。我辈却自感庸碌,无甚功劳而经不住忍耐,如此记述所盼。

希求正道,喜享果实,愿三时之可汗的天神之目,闪烁惬意之光芒,欣赏供品之香云如海,将仁慈与恩佑永赐于我等。愿降生于此家族者,齐备气力、智慧等相宜之条件,不得倾倒于狡诈言行,适时获得正道之品行,力求以真挚的心愿,奉献于政教事业。

但愿如同黄金般的明册,书述世间之根源,唤醒迷惑的神志、抵御浊泥的玷污,修正身染恶习者之悖谬,谐和于贤哲的撰著,跻身于高深的品级。由衷祝愿现世人间:庆幸生于安和善世,众生聚于喜庆宴会,君主臣民有情之众,面对公正之国规,敞开喜悦之情怀。美味十足的营养之蜜,供千秋万代辈辈享用,宛若先世之圆满劫,人丁欢乐,载歌载舞。教主金刚,恩赐密宗,救度有方,高超至极,具足三戒[③]之气力圆满,承蒙二利[④]之因缘,十方转轮之圣人活佛[⑤]的授预、非凡的蒙古宗教,将传播遍地,世代永存。菩萨圣者,以佛力护佑,天地力者,恩典保佑,可汗僚属,臣民百姓,鼎力造作福分、福祉。我辈蒙古人,定会由此改变狡黠罪孽之习性,将人物与史籍匹配成偶,力排讹谬,这终将获得真挚、有力之保佑。如此祝福之。作此结尾诗,了此三十三章。

[注释]

① 天龙八部:佛教天神,又称八部众,龙神八部。据《舍利弗问经》等载:1. 天众;2. 龙众;3. 夜叉;4. 乾闼婆(香神或乐神);5. 阿修罗;6. 迦楼罗(金翅鸟);7. 紧那罗(非人、歌人);8. 摩睺罗迦(大蟒神)。据称其中天众和龙众最显神灵。

② 若同祖达地方,行走双脚之人:祖达,印度神话中的一国名。在那里国人皆是独脚。故有了"到了祖达独脚国,拥有两足者不算人"之说。

③ 三戒:即密乘律仪,菩萨律仪,别解脱律仪等三律仪。又一说称:1. 在家戒、八戒也;2. 出家戒、十戒具足戒也;3. 道俗共戒、五戒也。

④ 二利:自利与他利。上求菩提为自利,下化众生为利他。小乘之行,唯为自利,菩萨之行,乃兼利他。《无量寿经》曰:"自利利人、人我兼利。"赞阿弥陀佛偈曰:"自利利他力圆满。"

⑤ 这里指一世内齐托音。

蒙文影印件

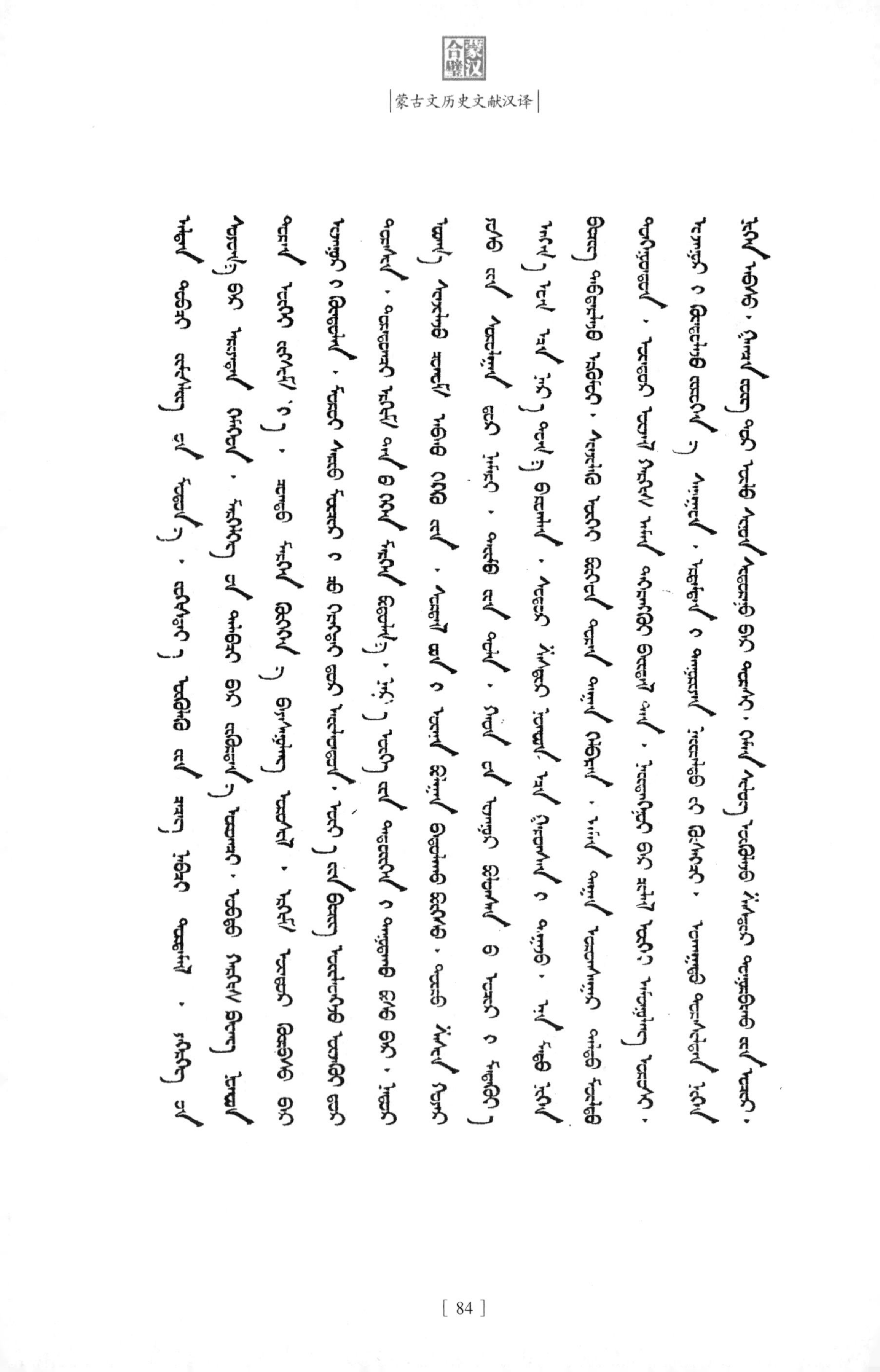

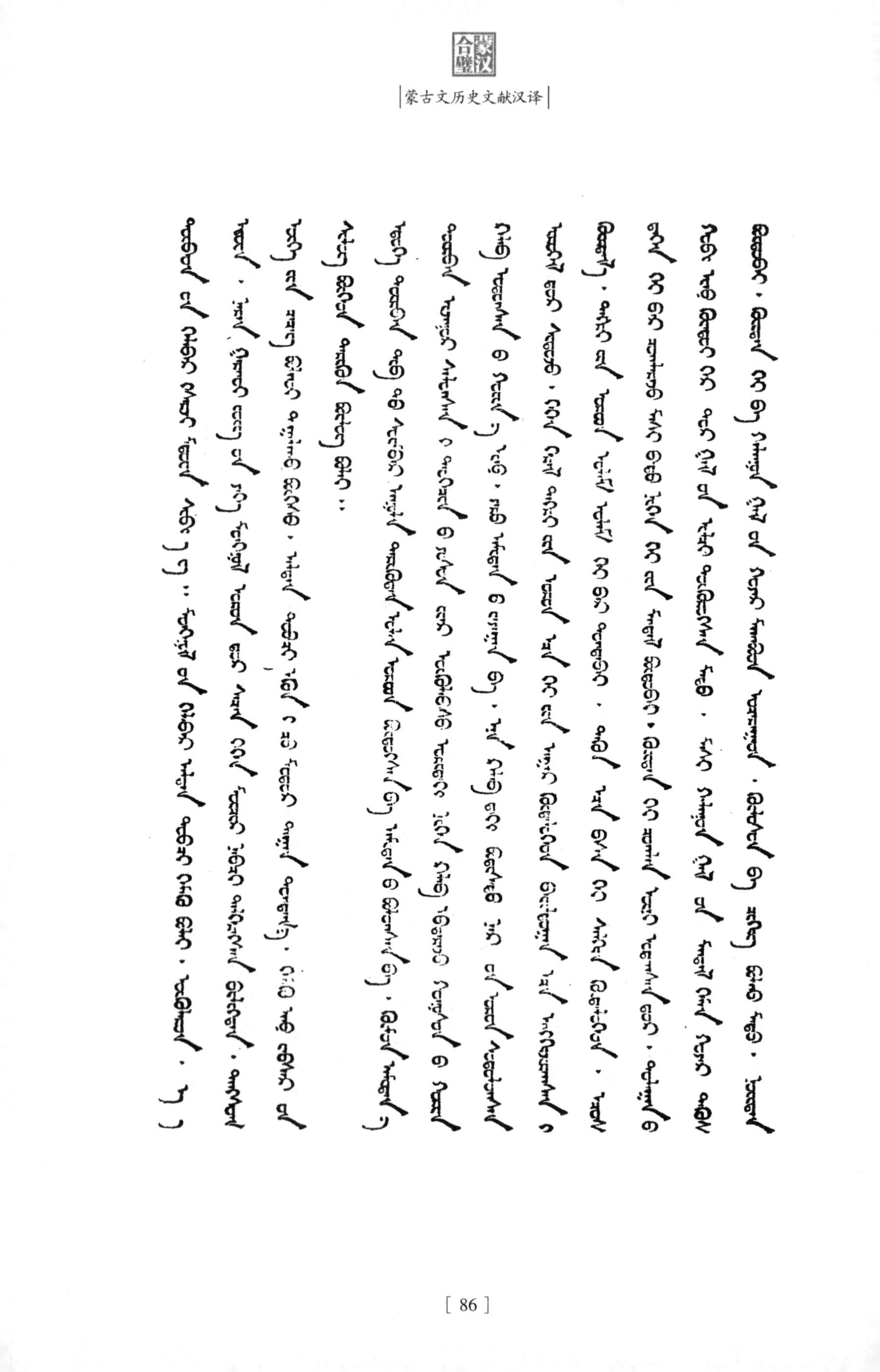

[illegible]

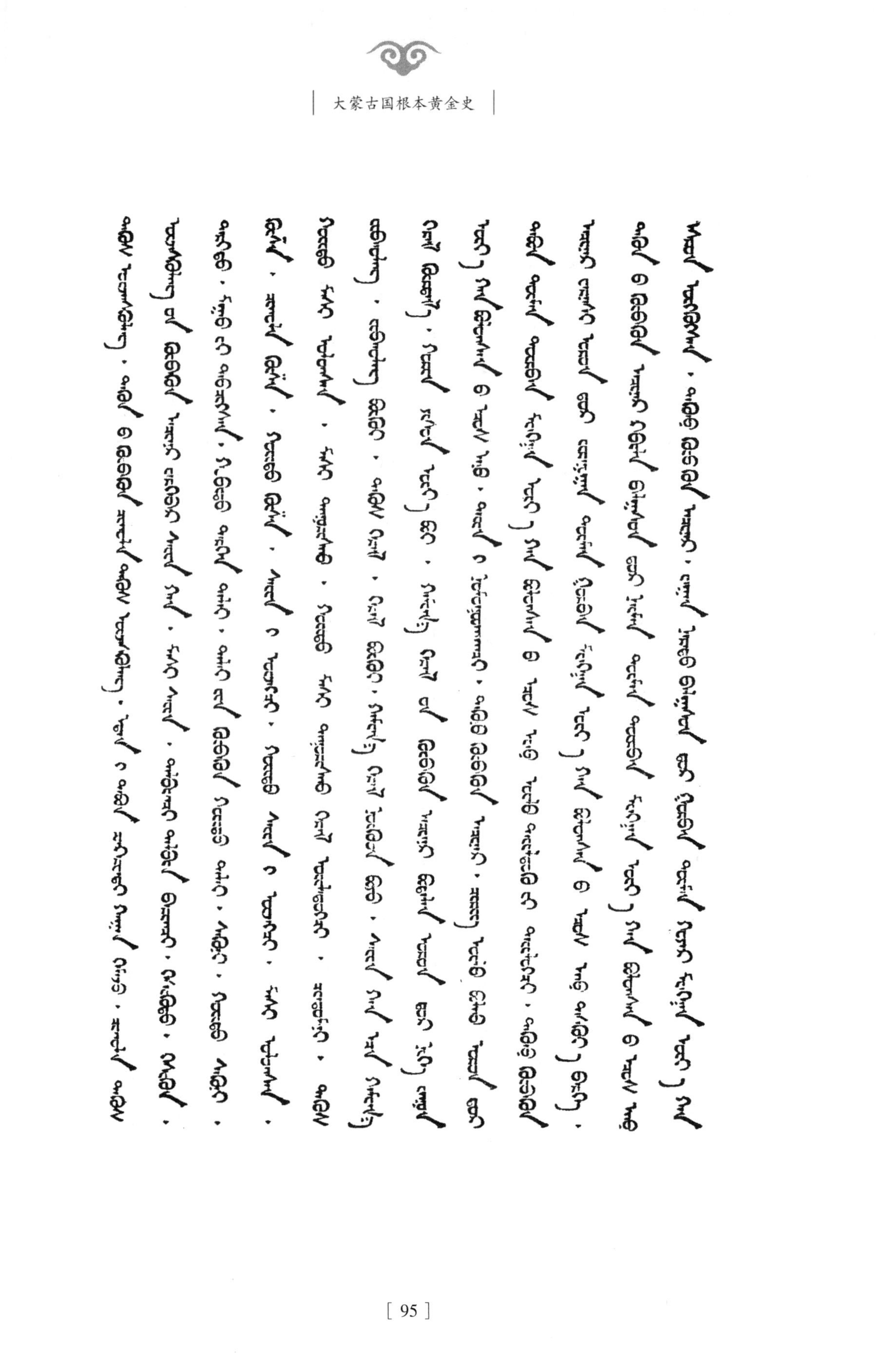

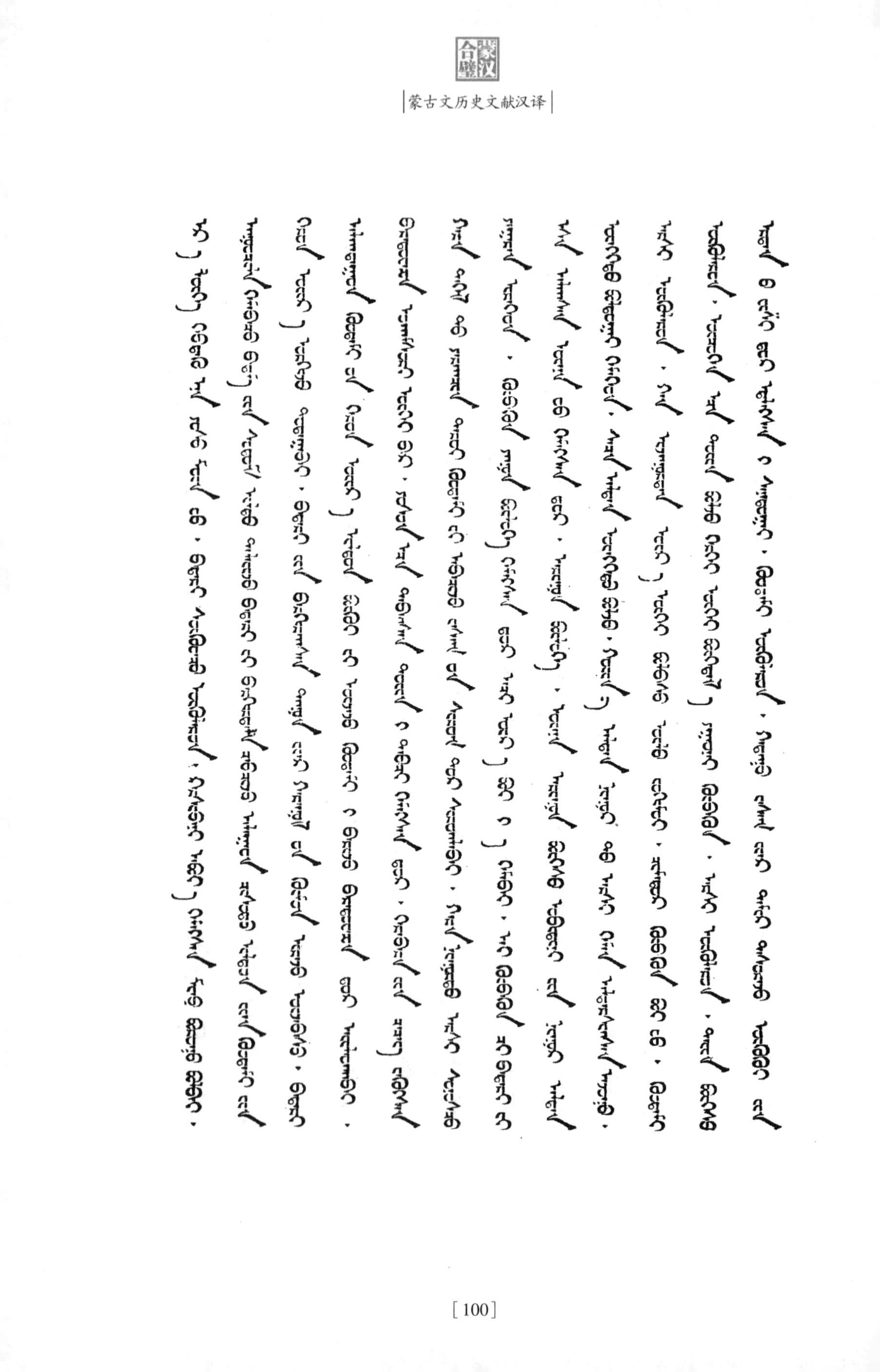

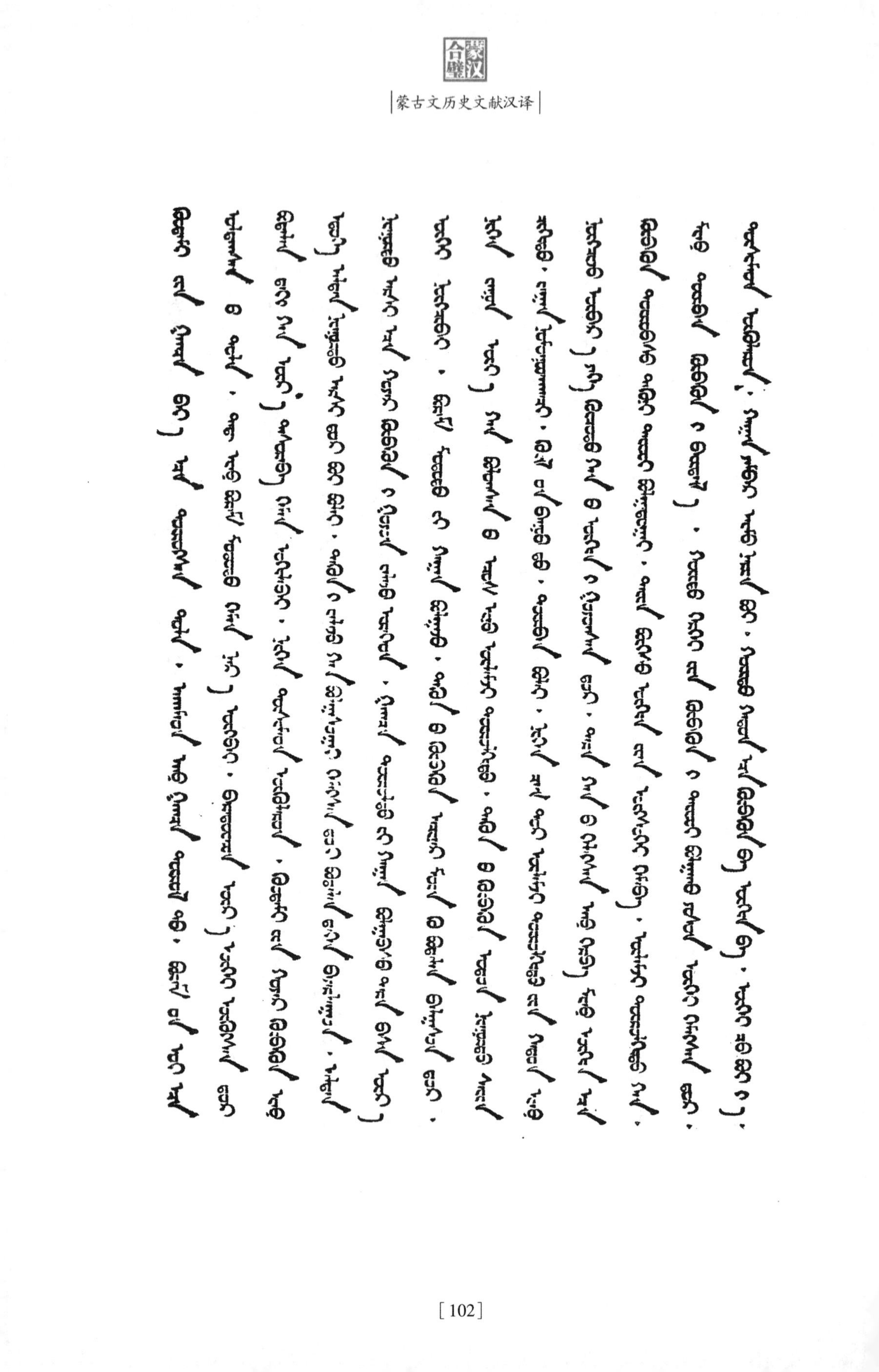

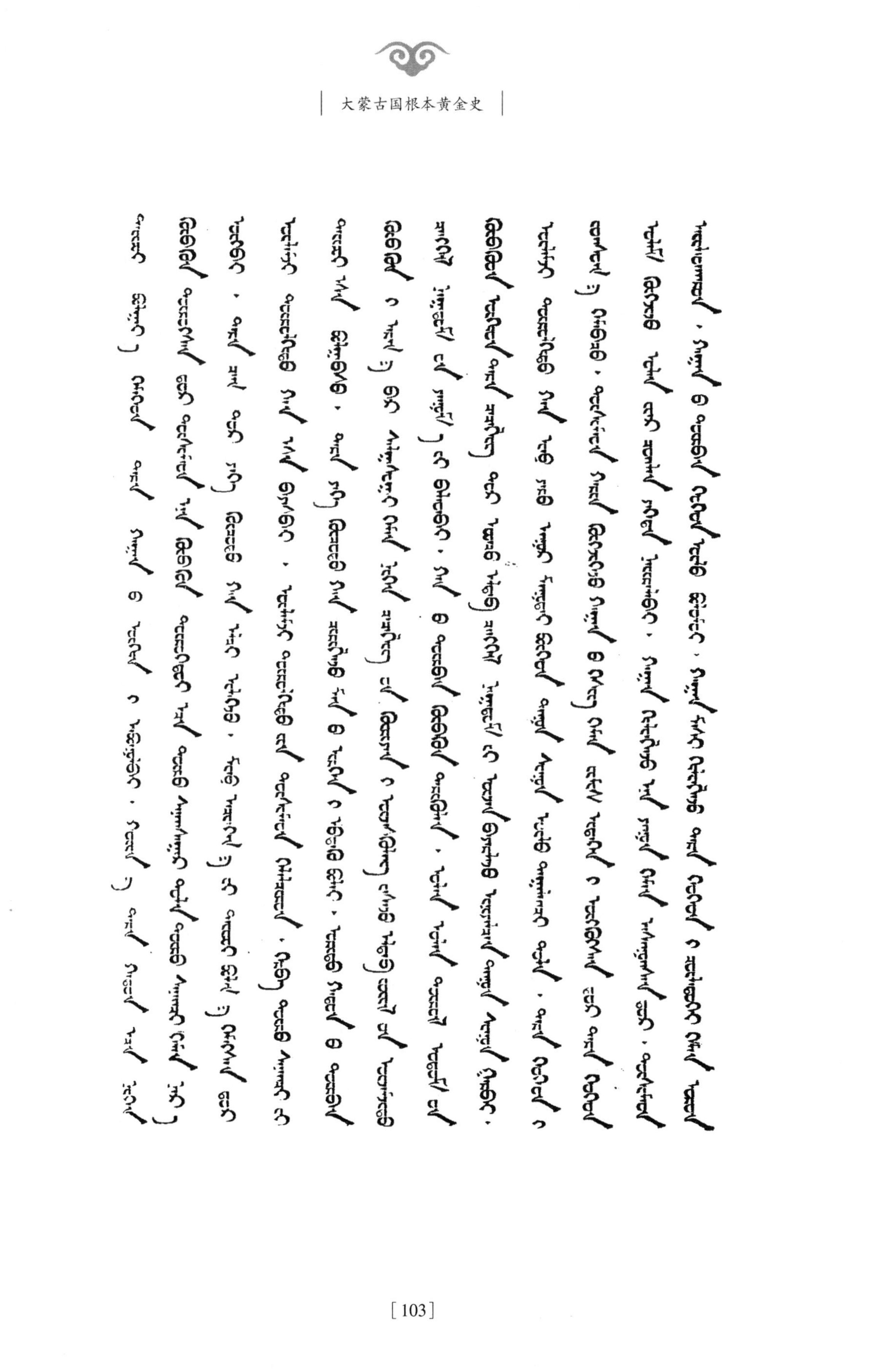

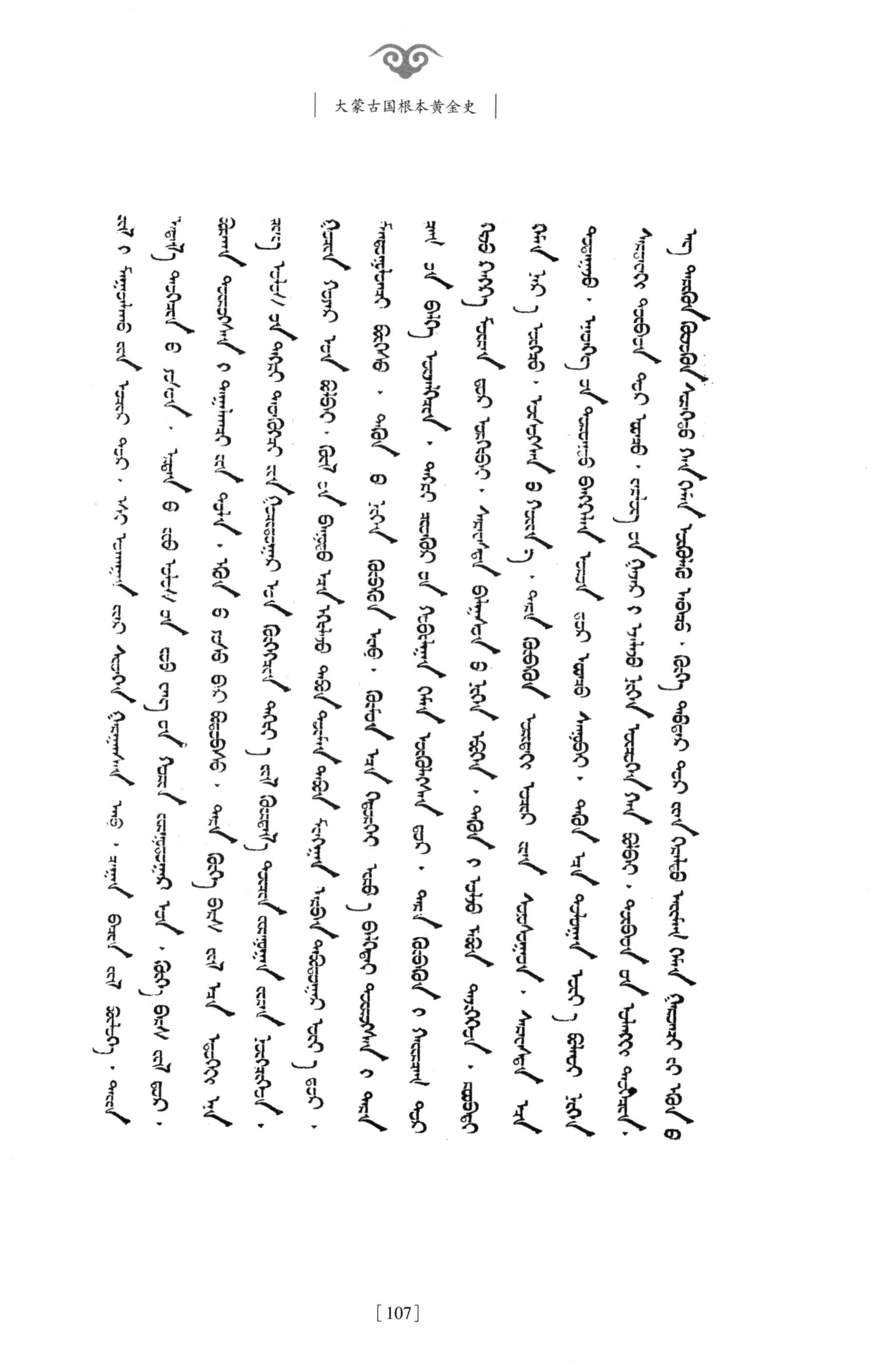

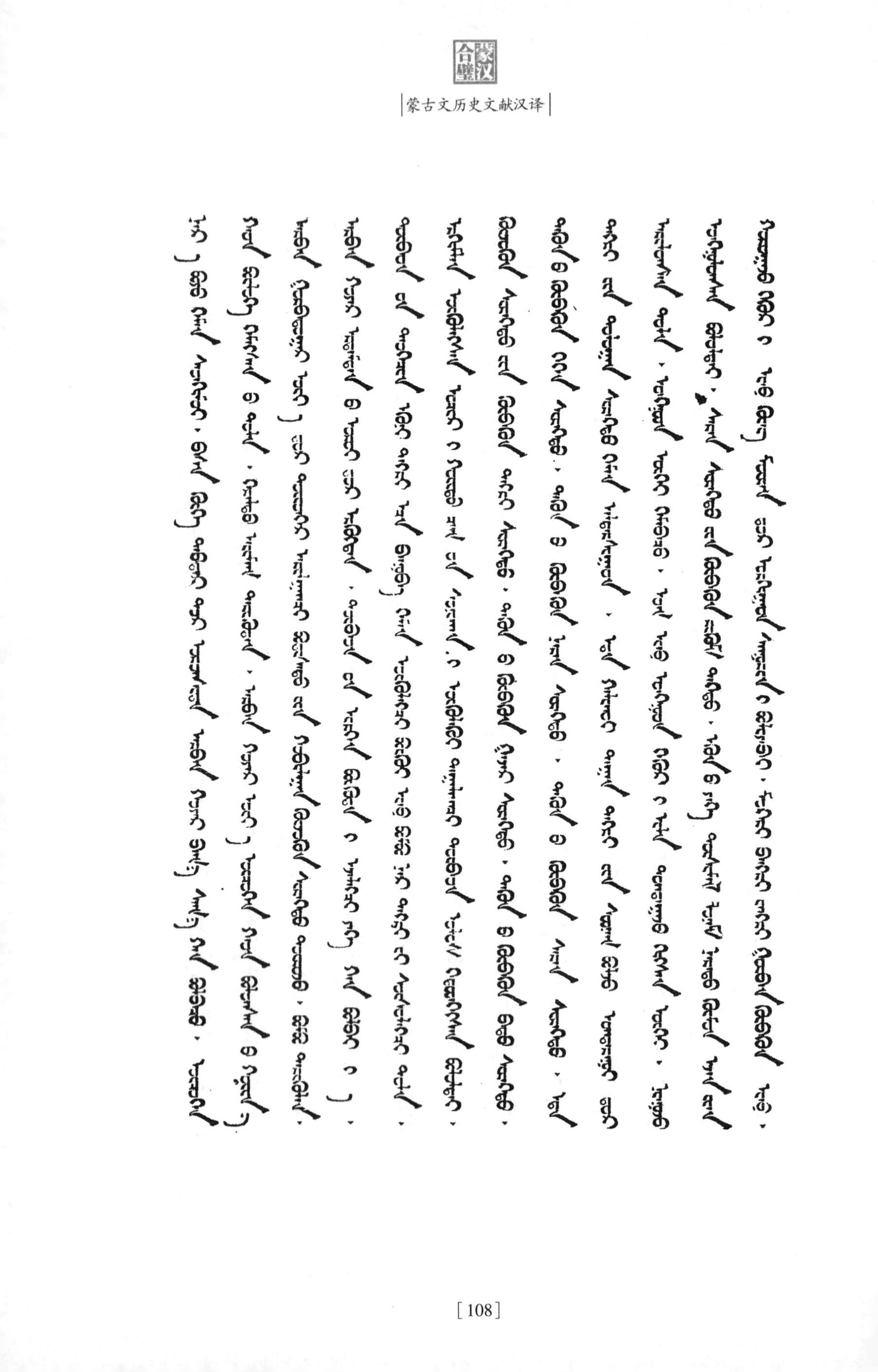

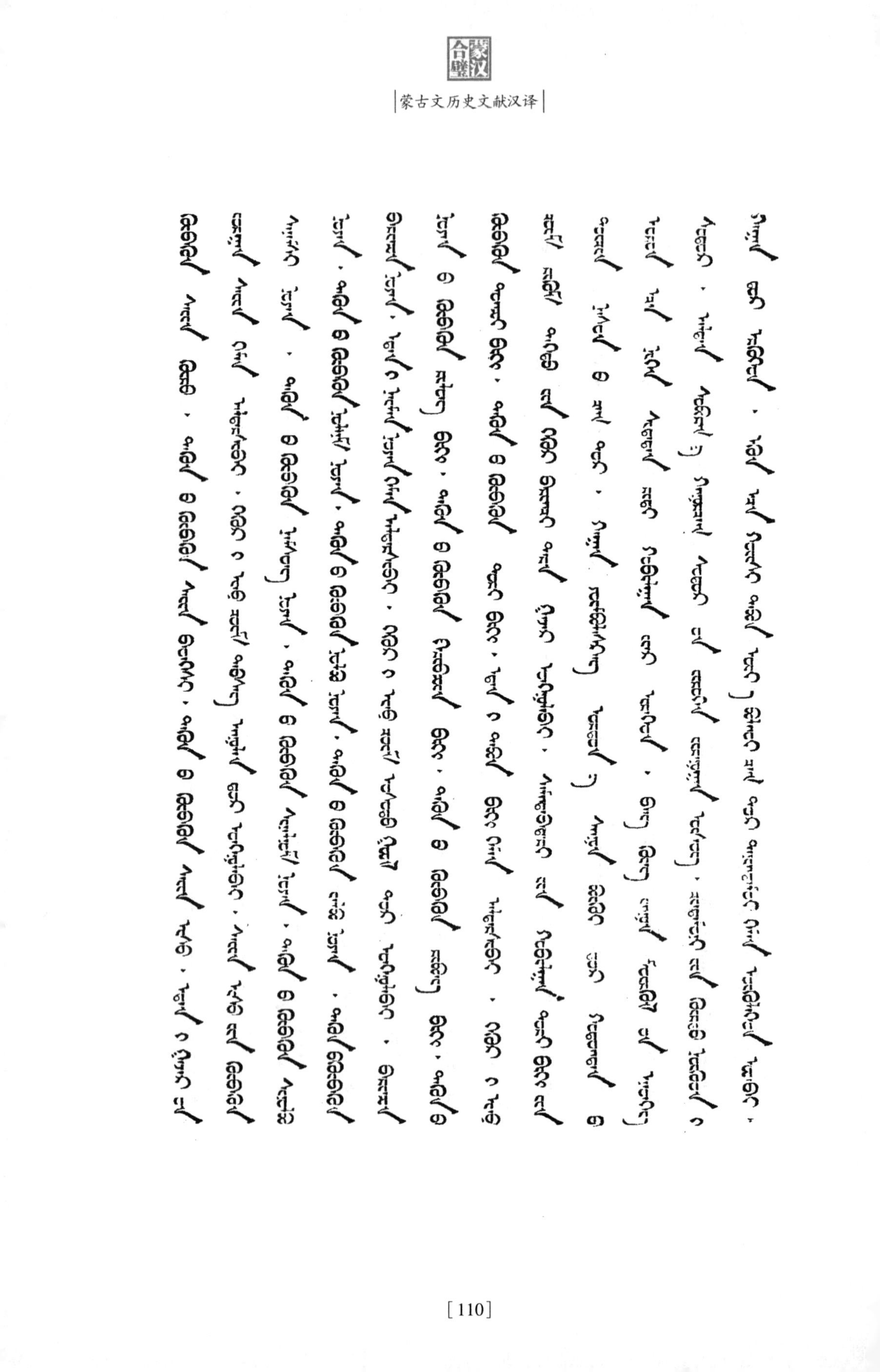

[illegible]

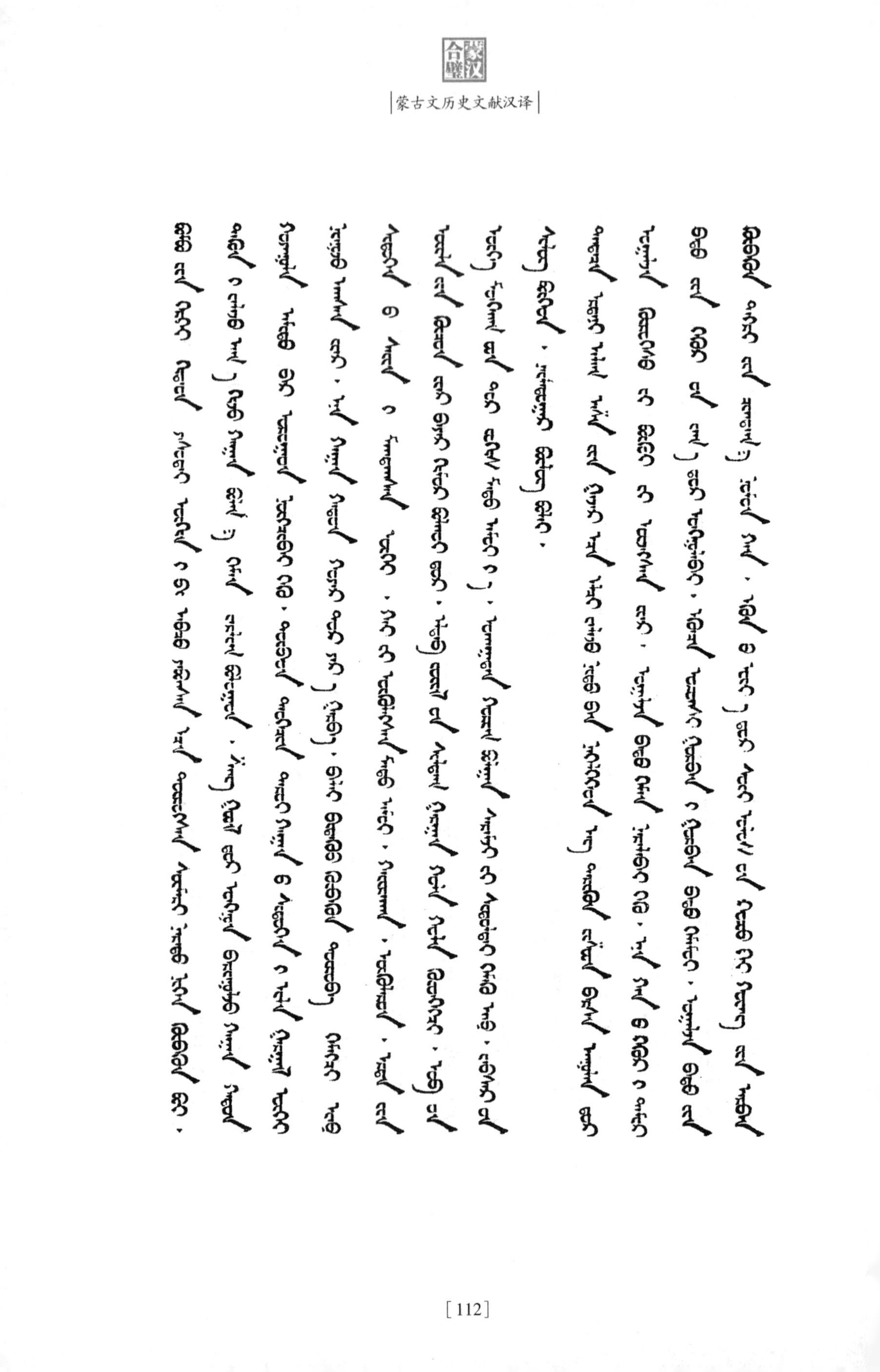

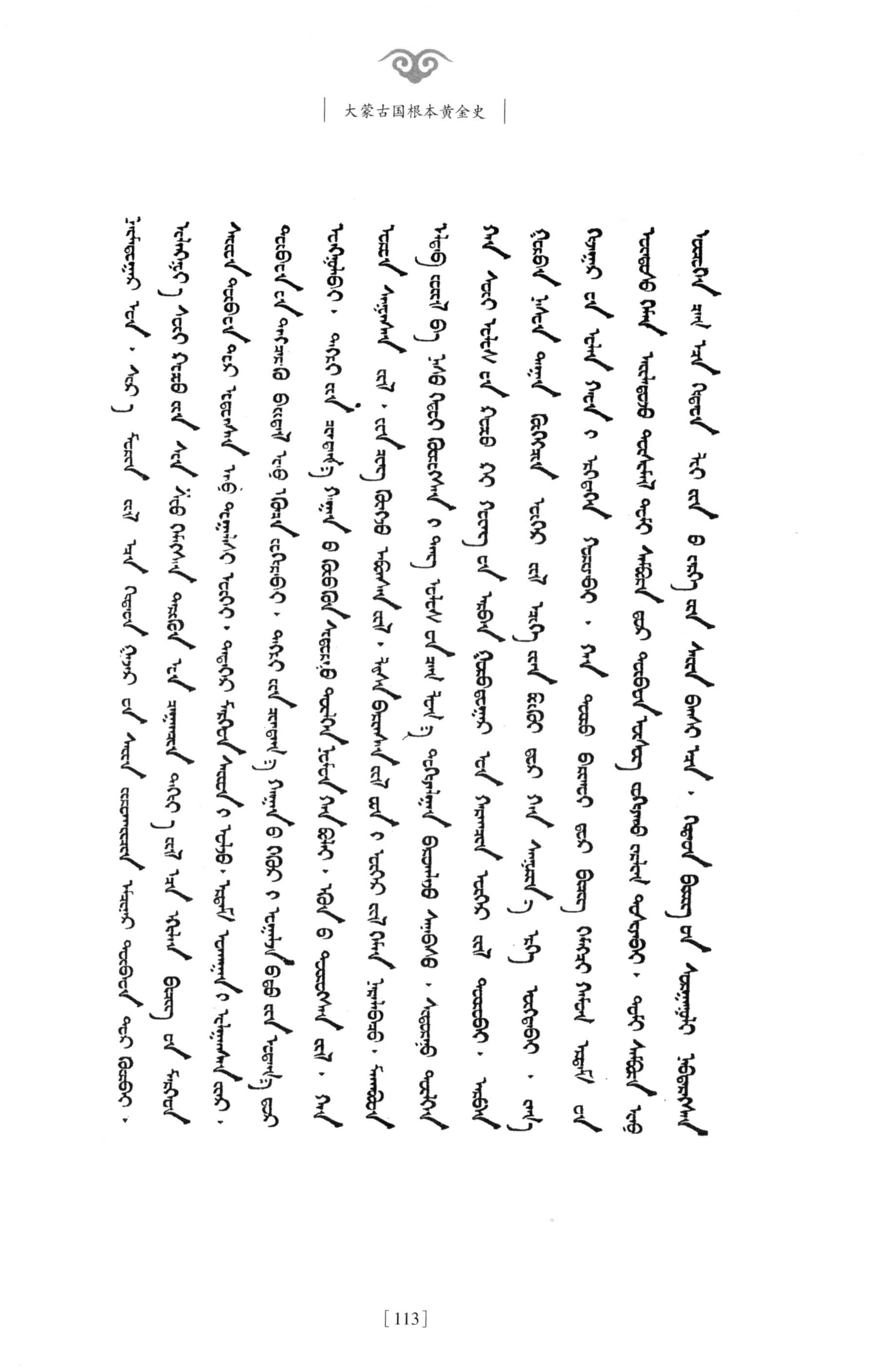

[illegible]

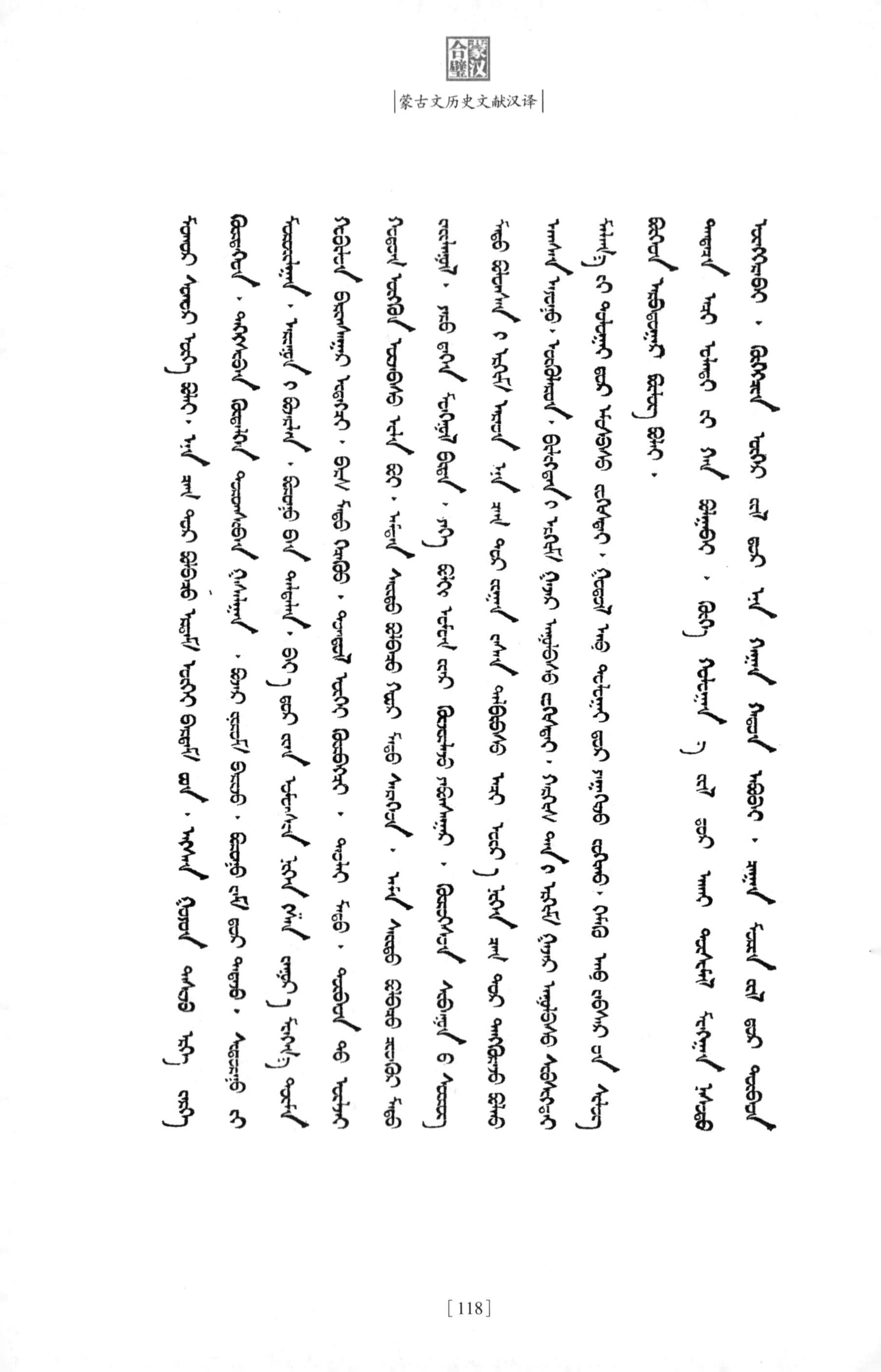

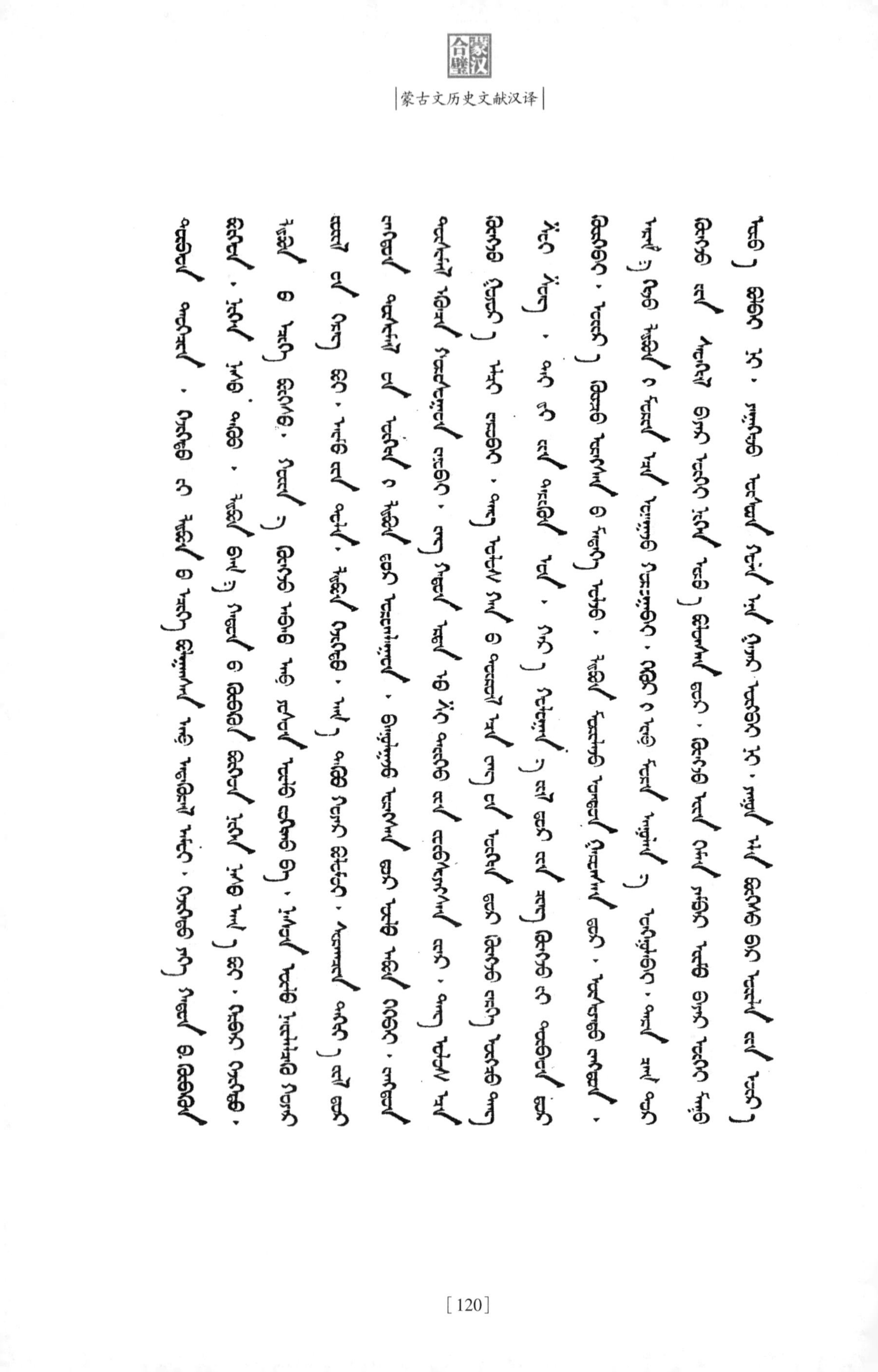

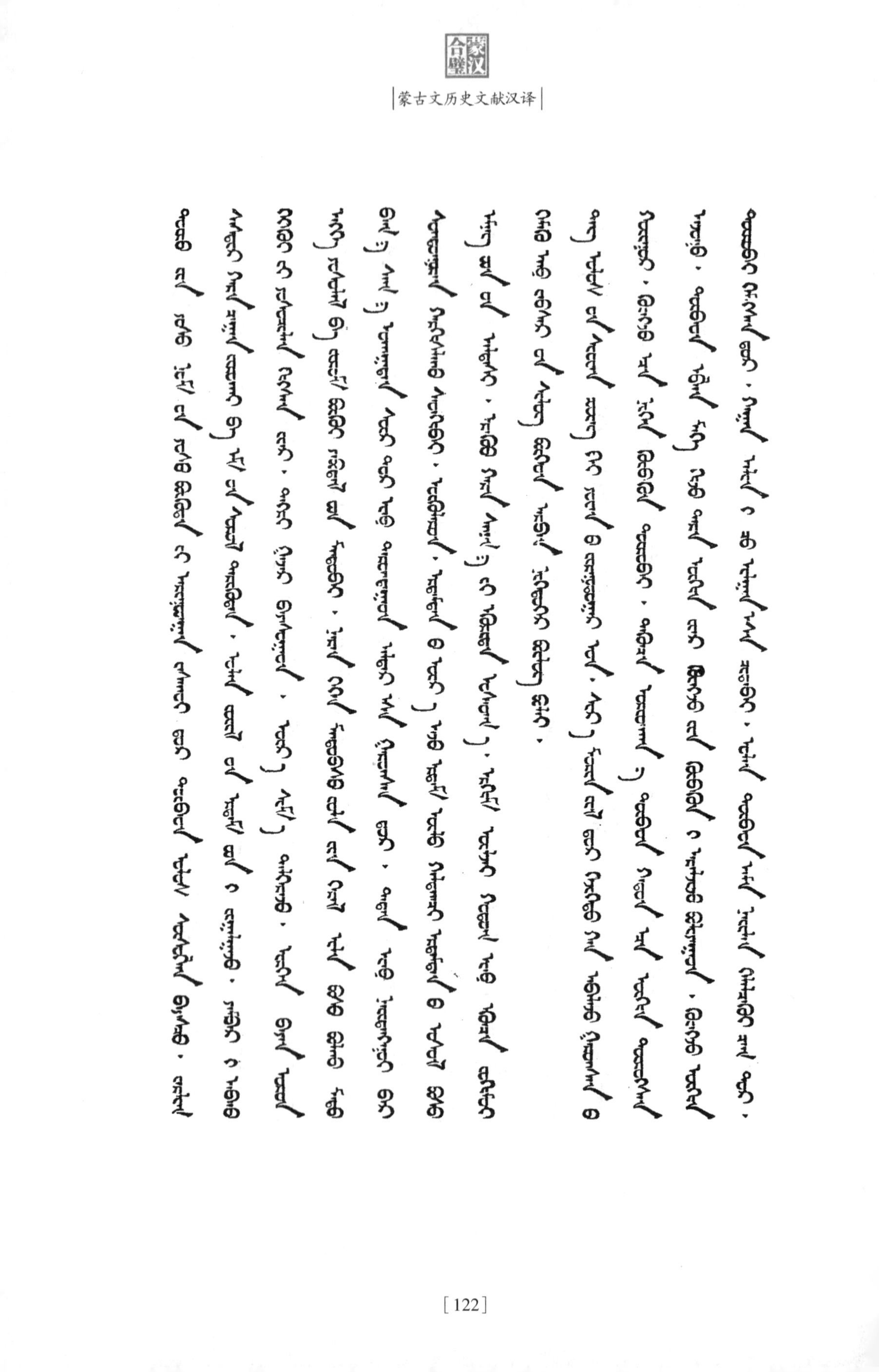

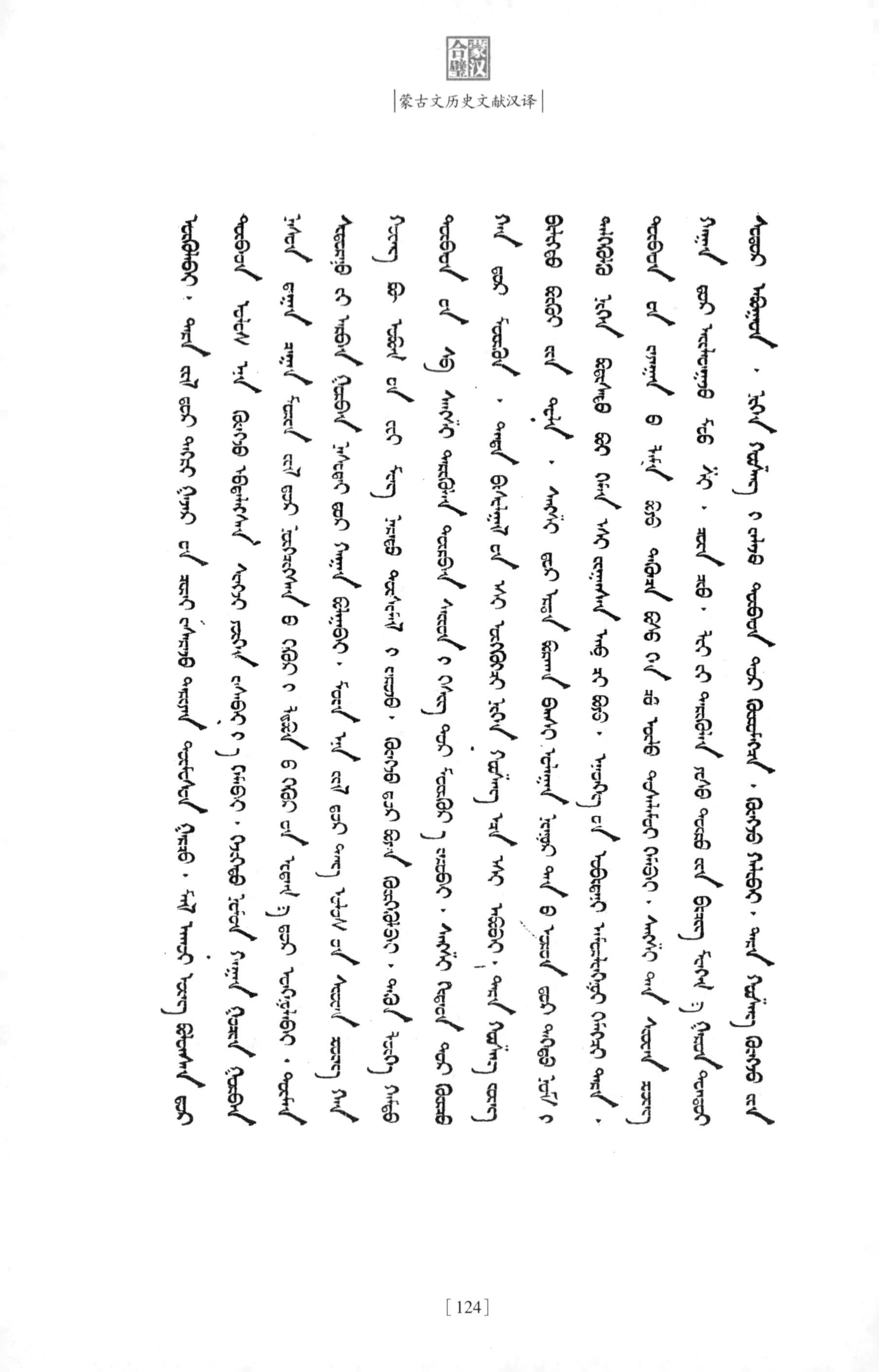

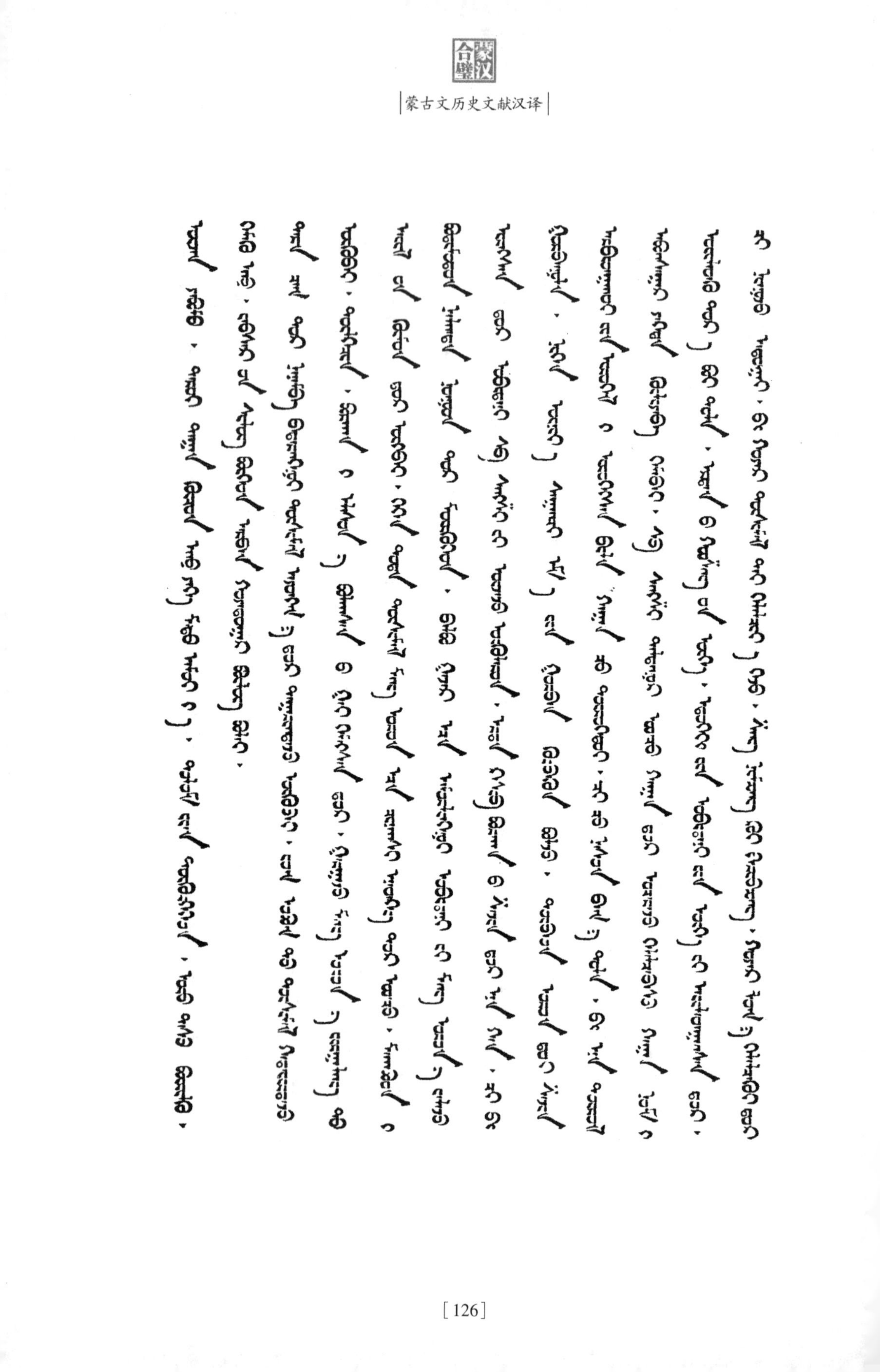

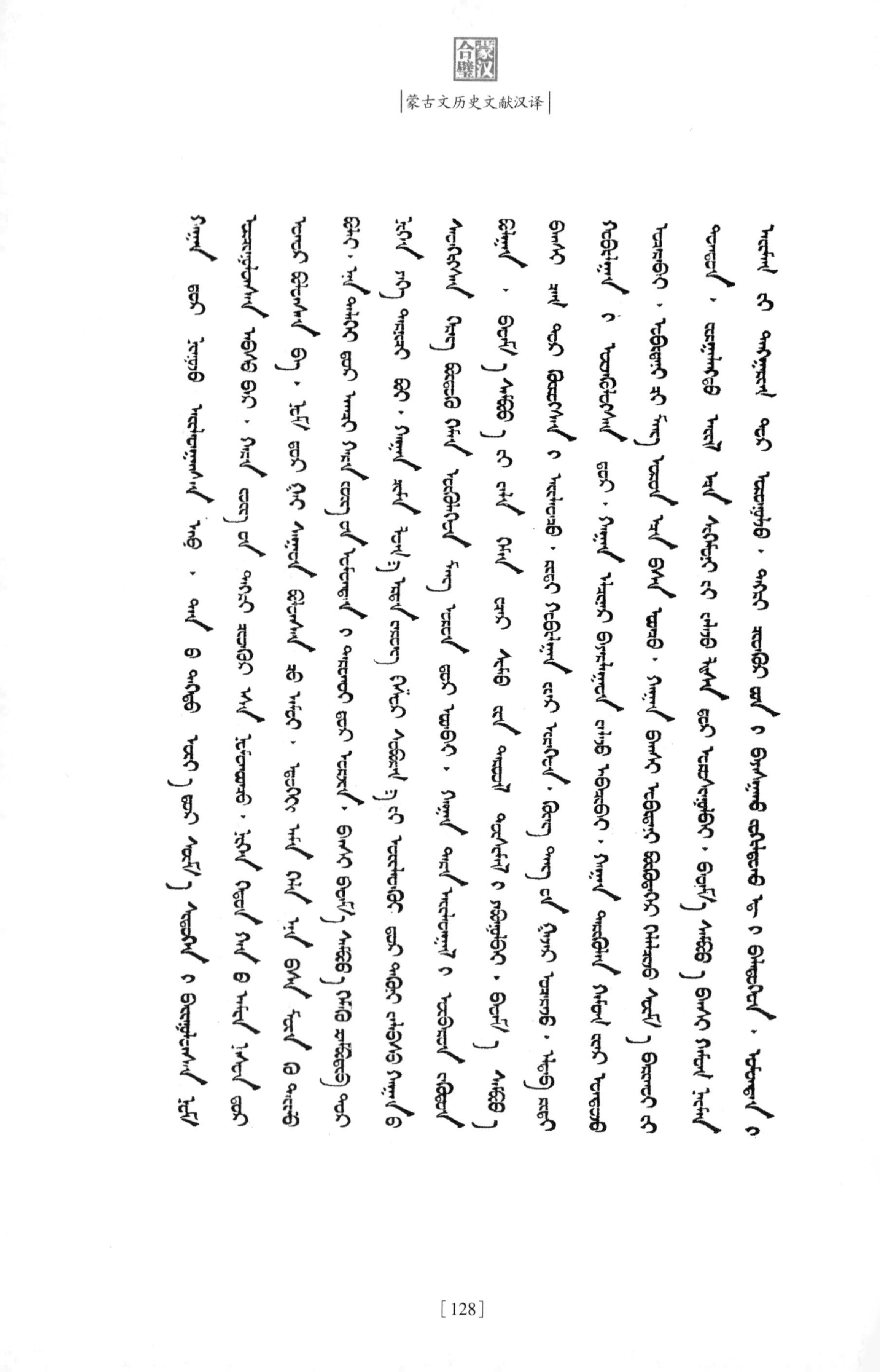

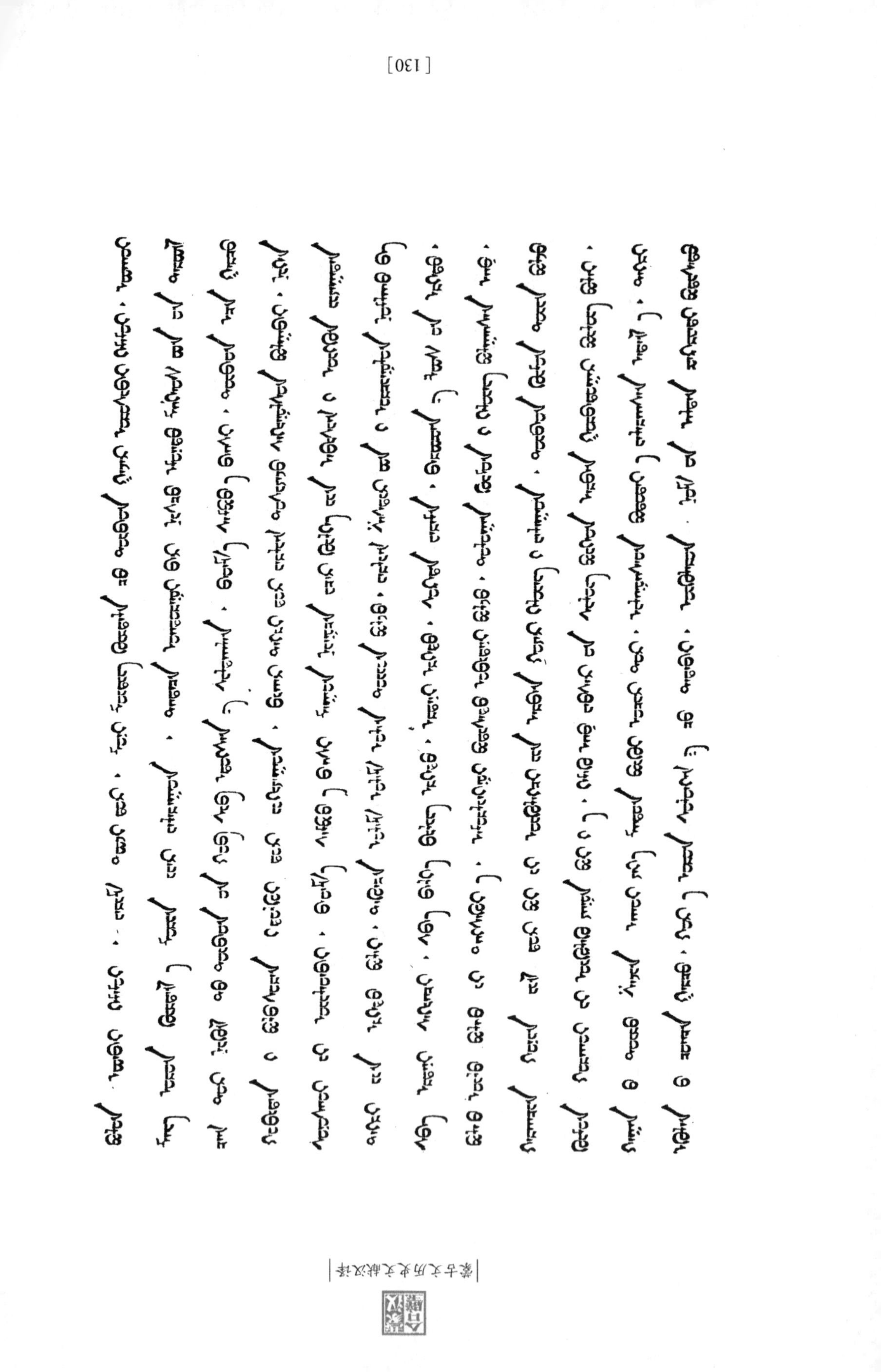

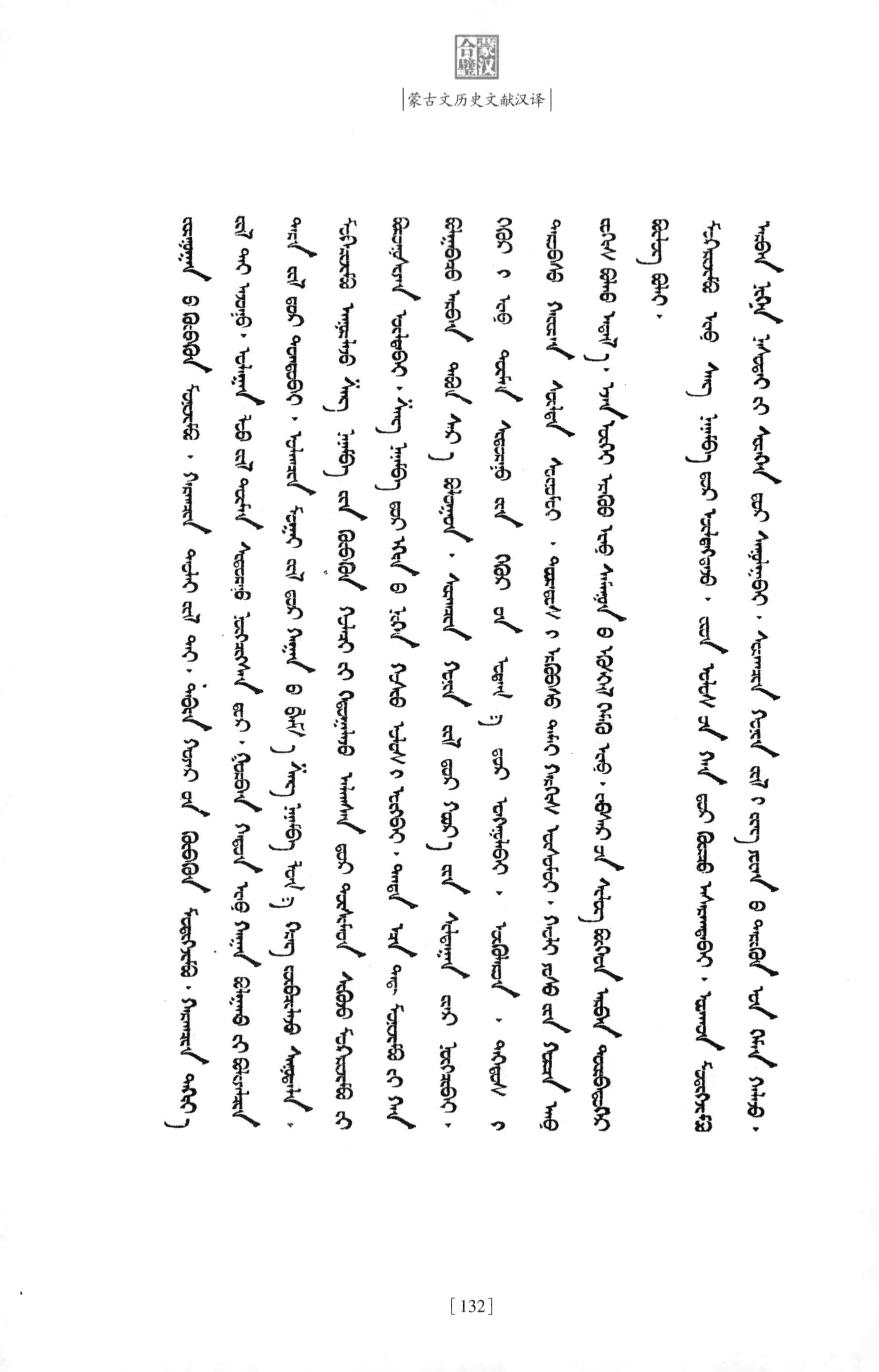

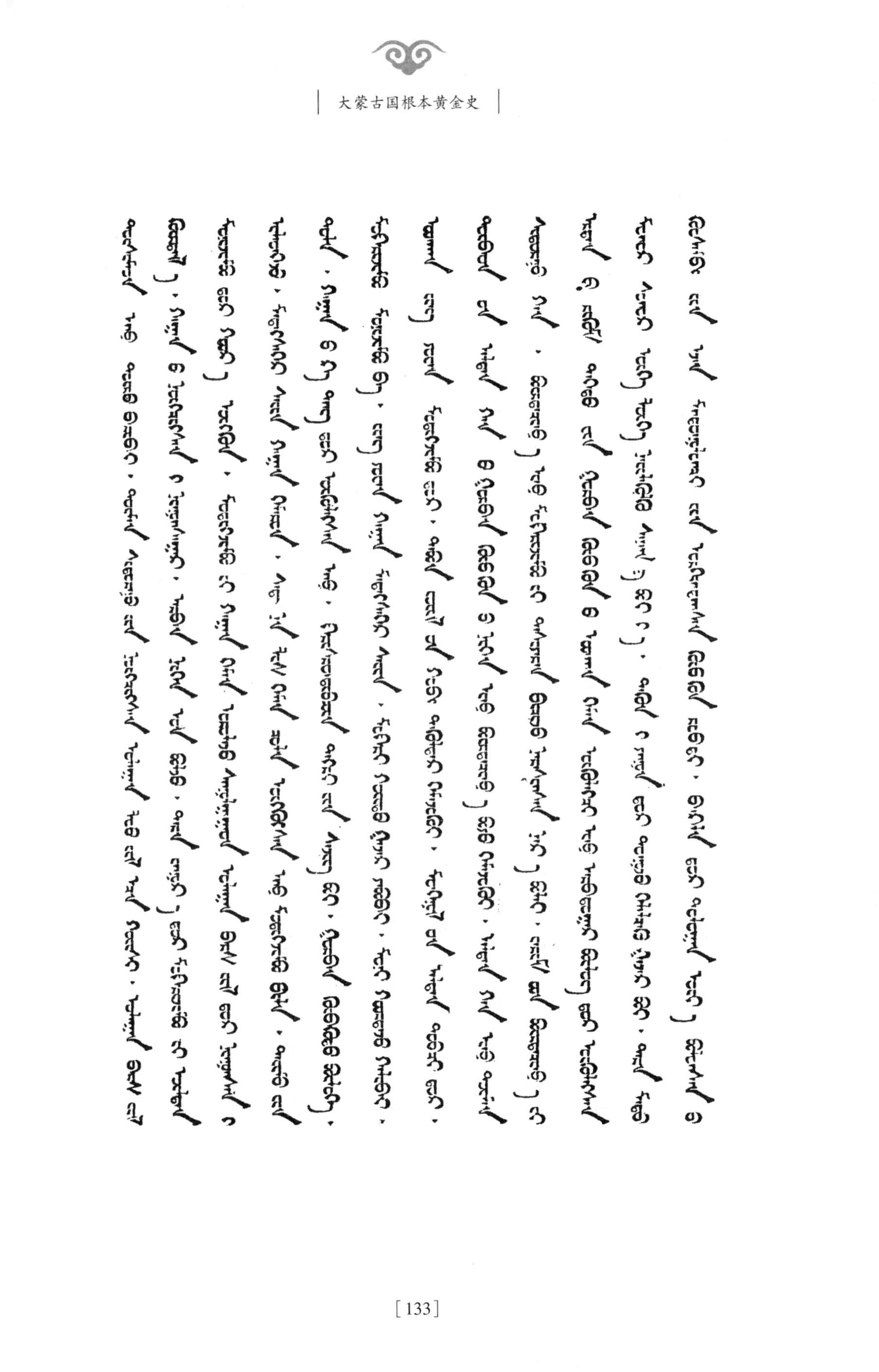

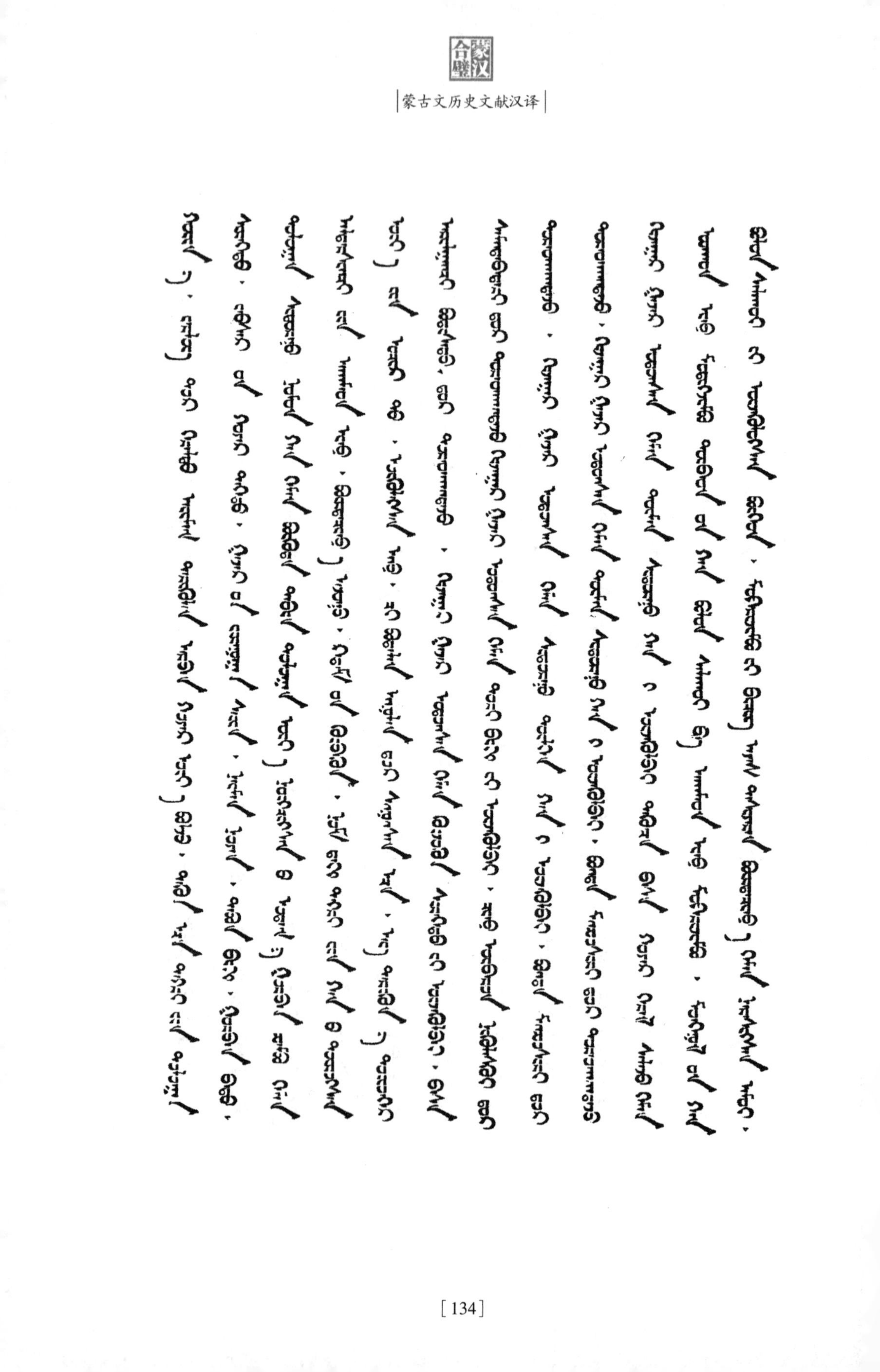

[illegible]

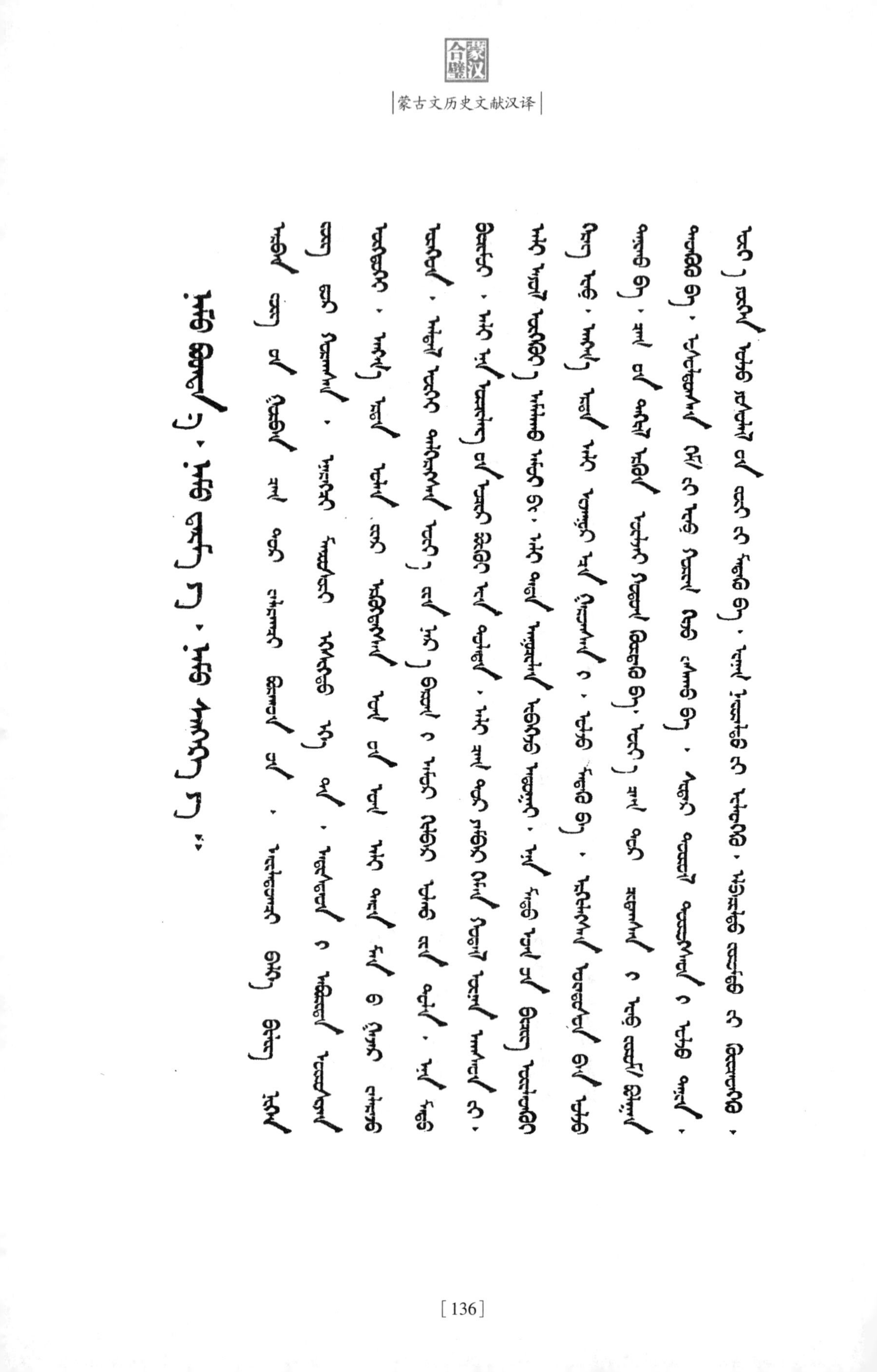

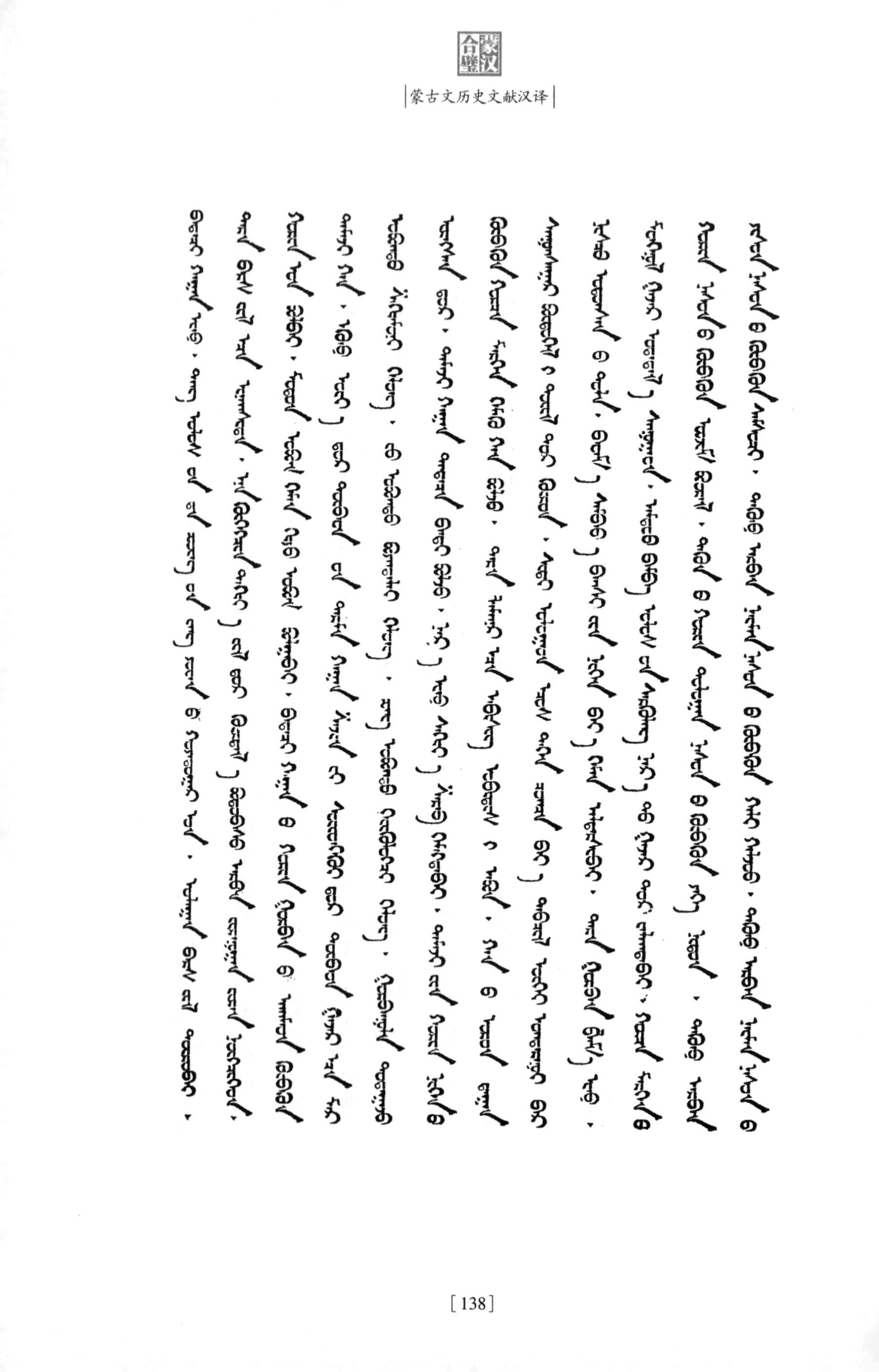

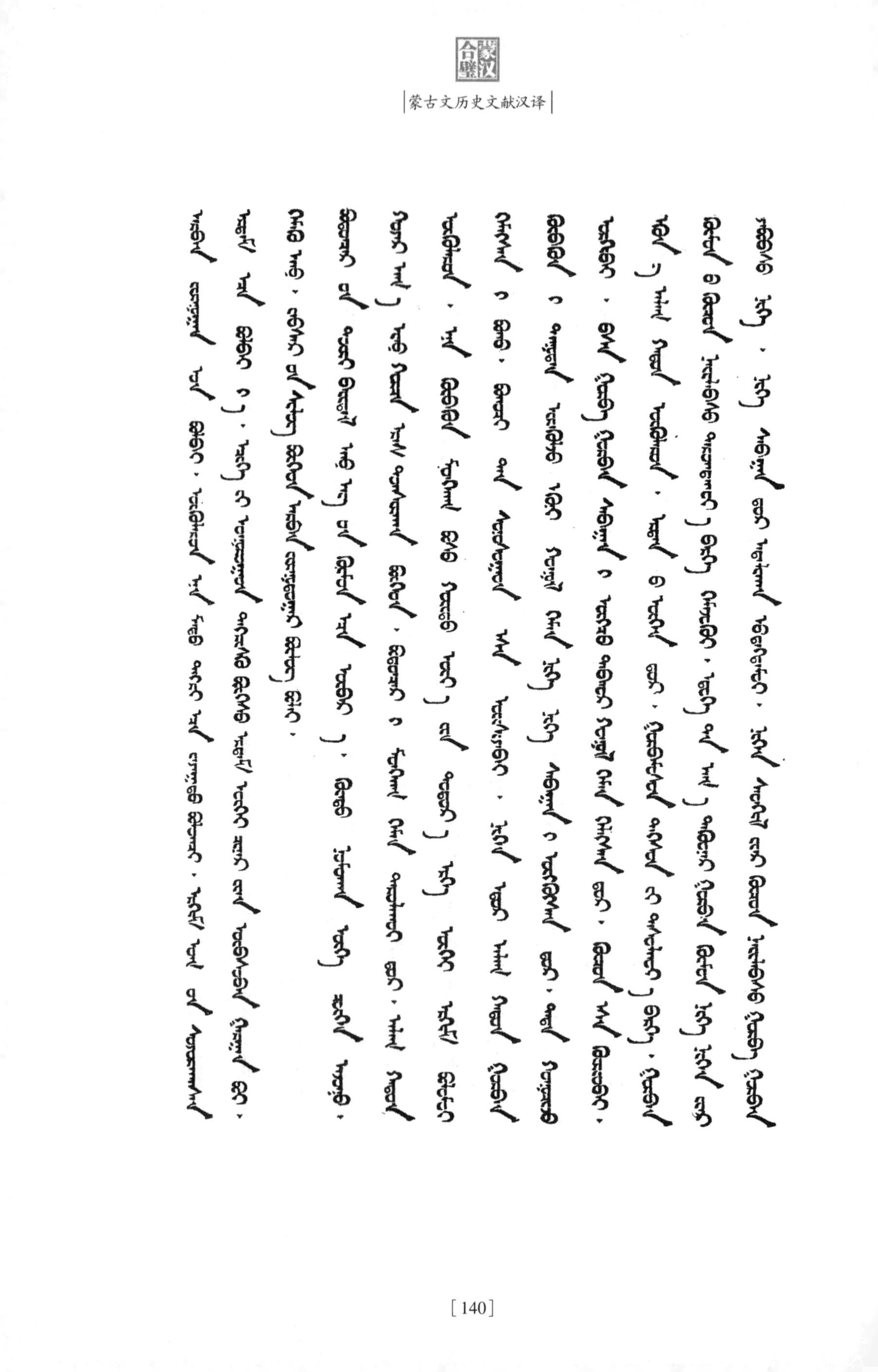

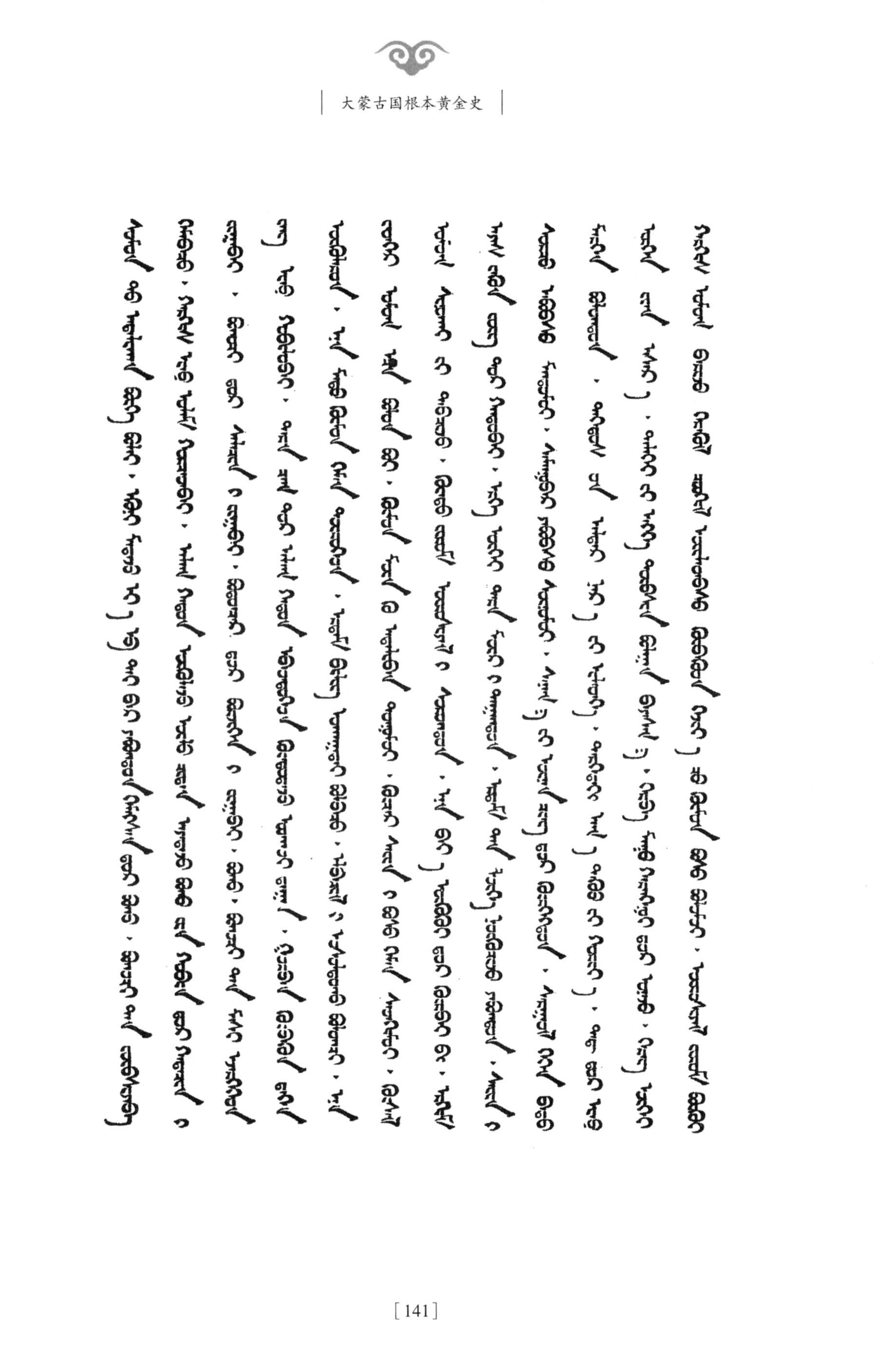

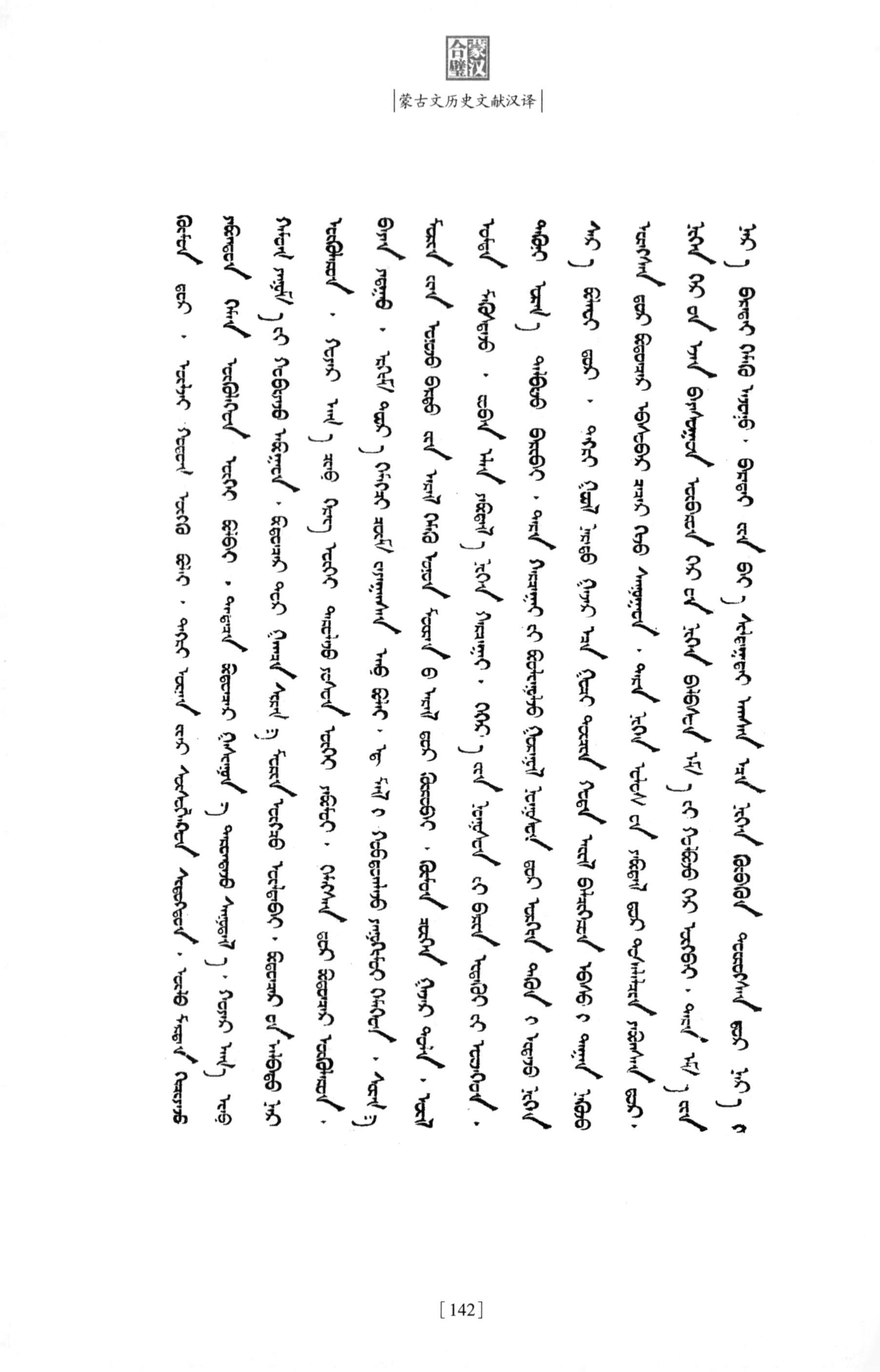

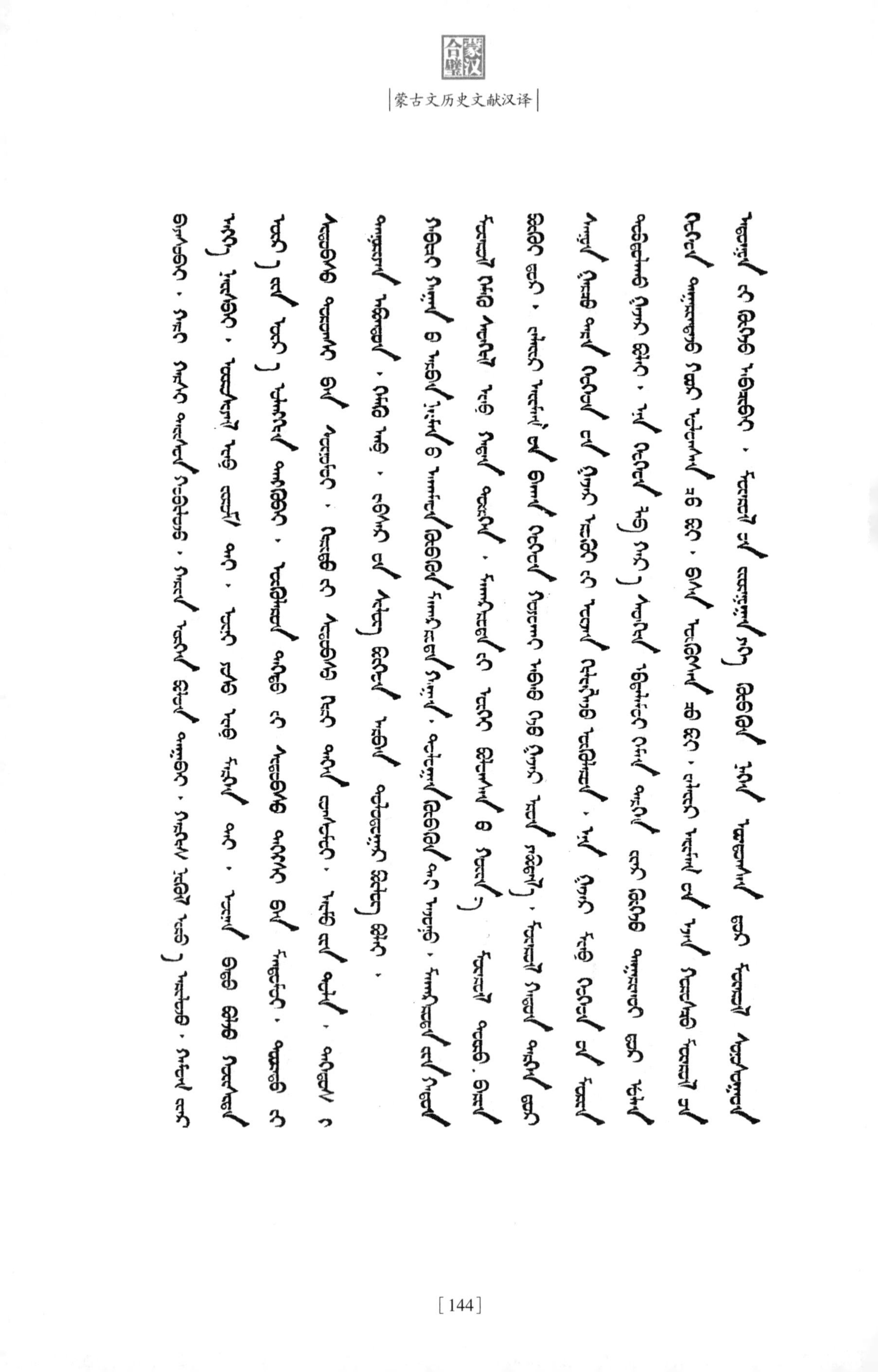

[illegible]

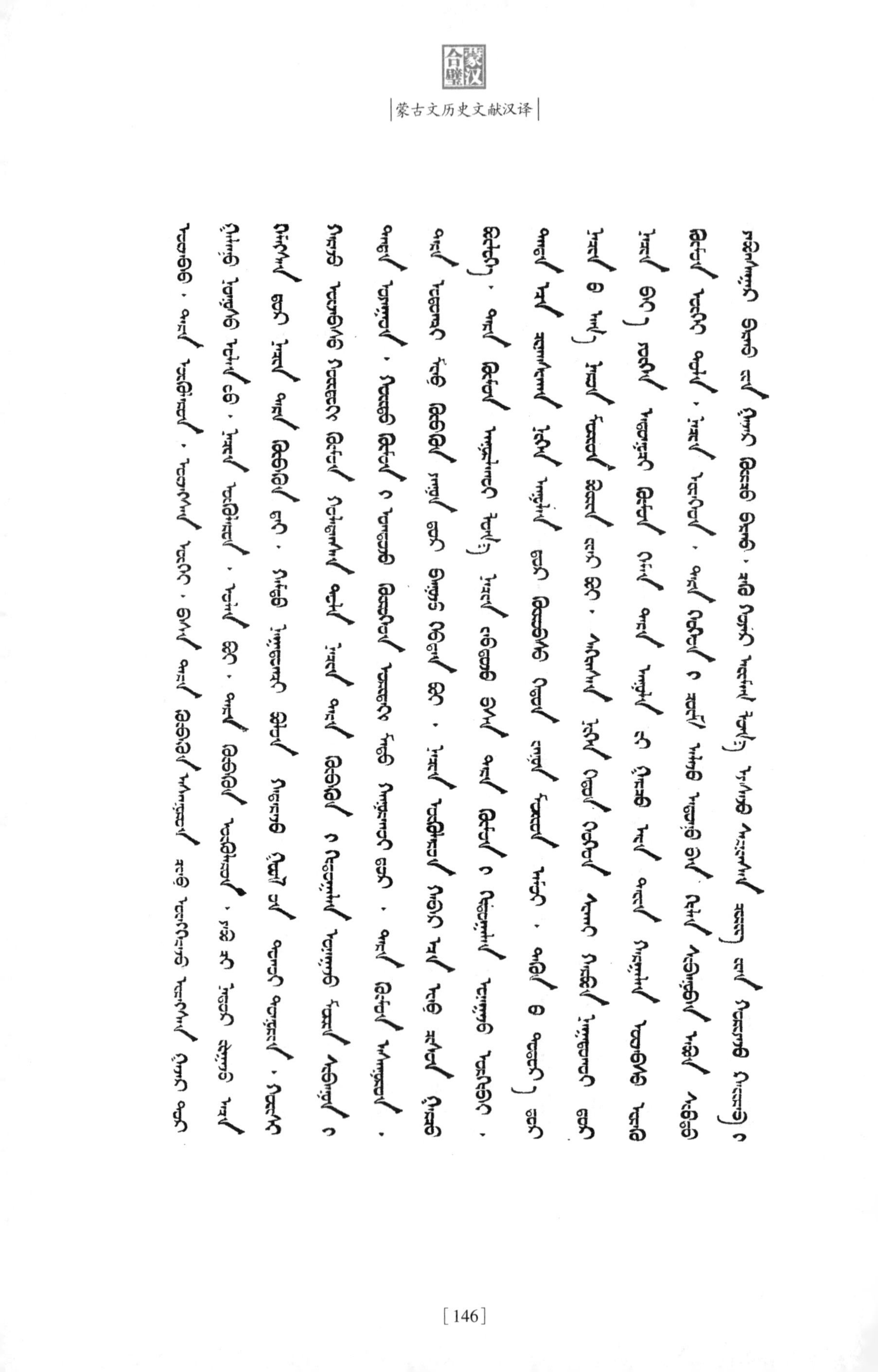

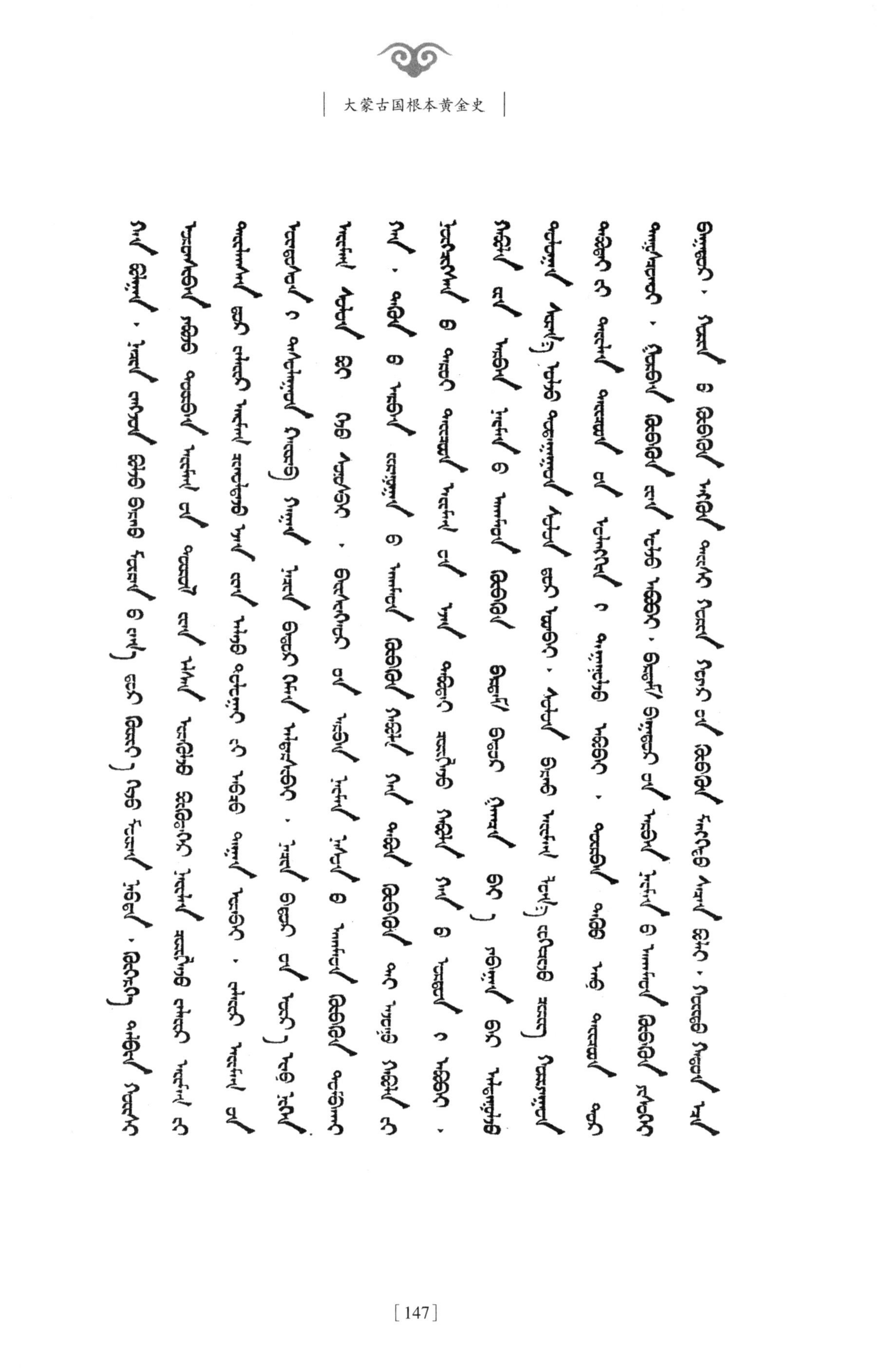

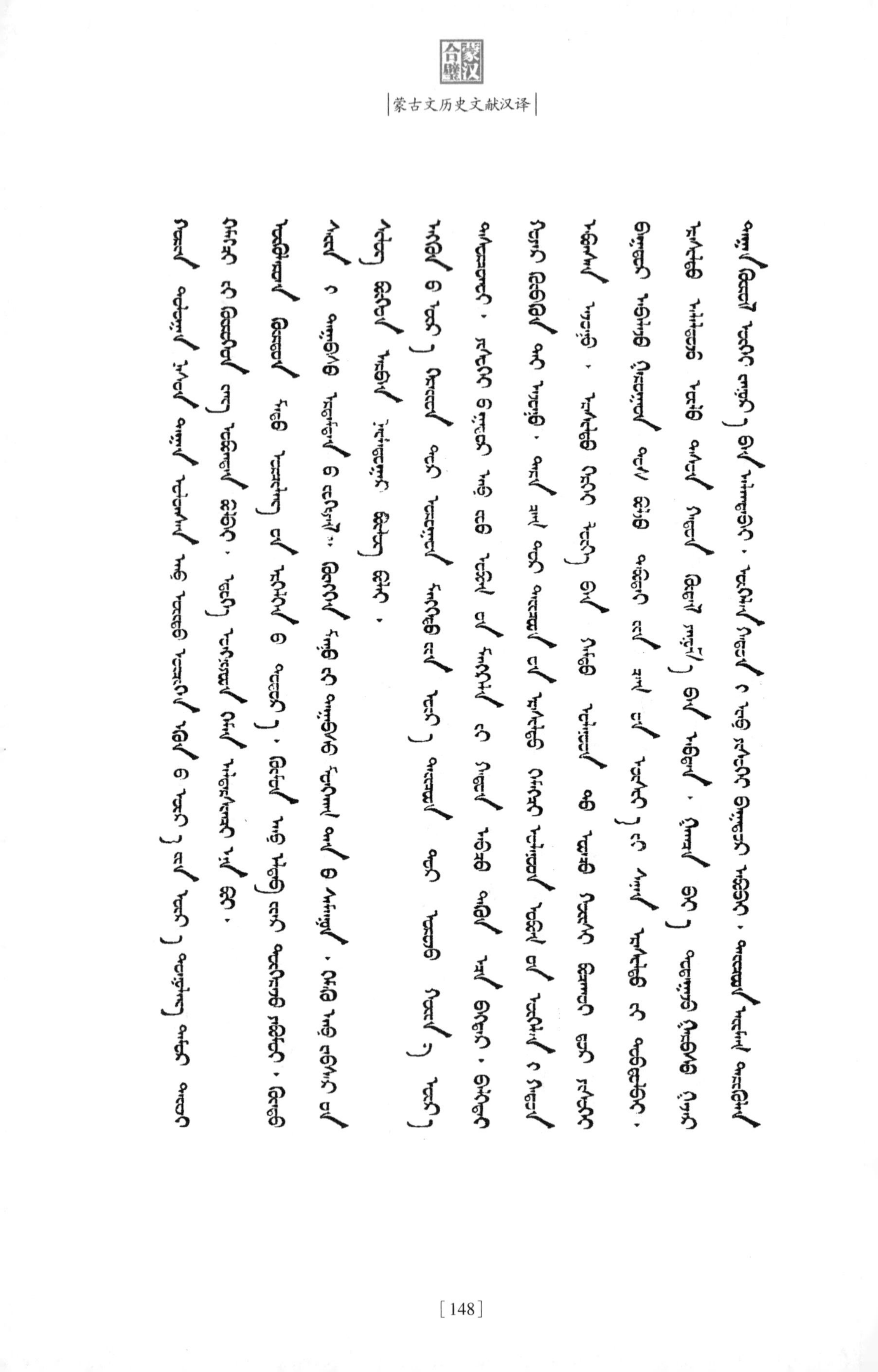

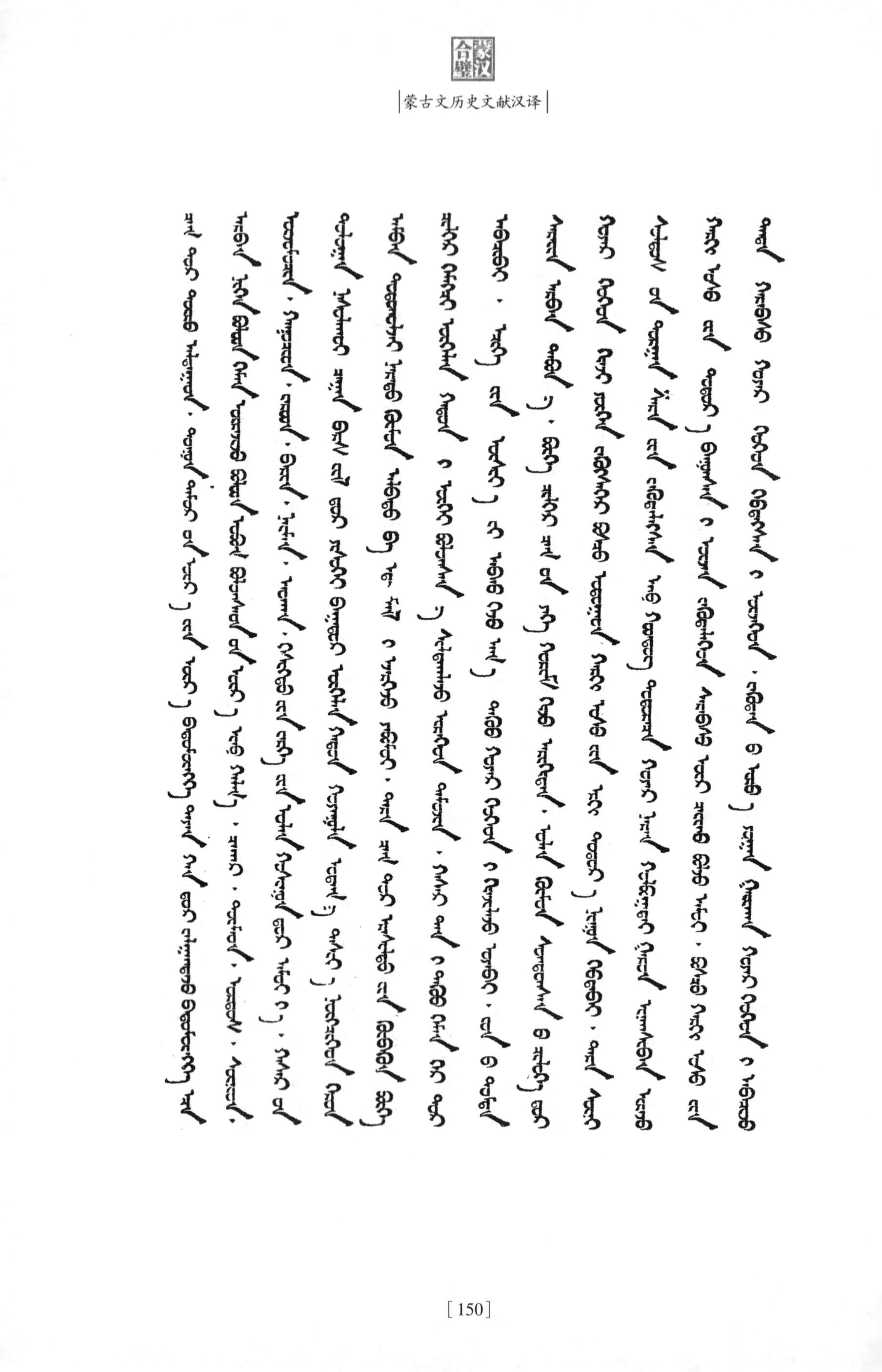

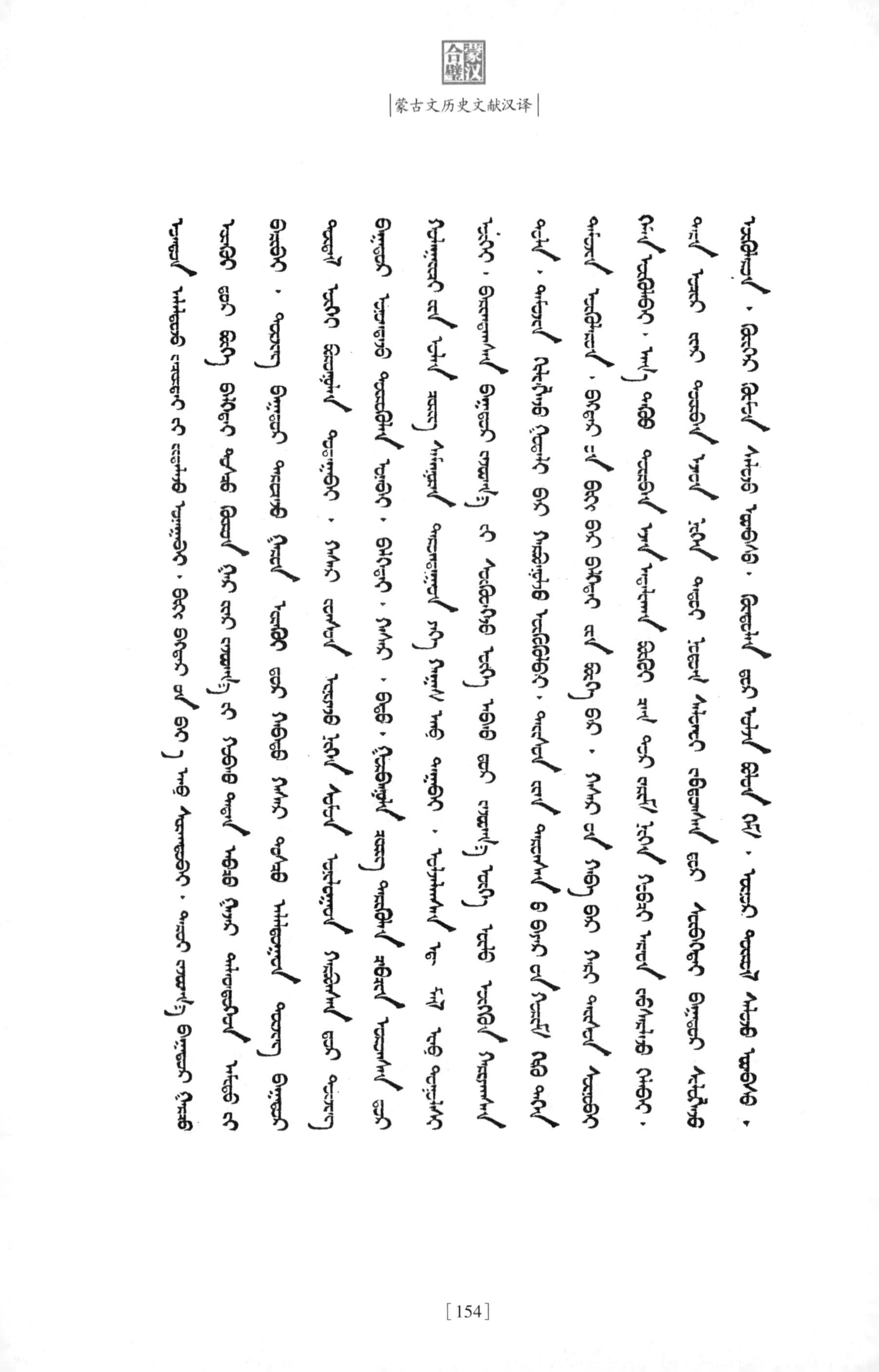

[illegible]

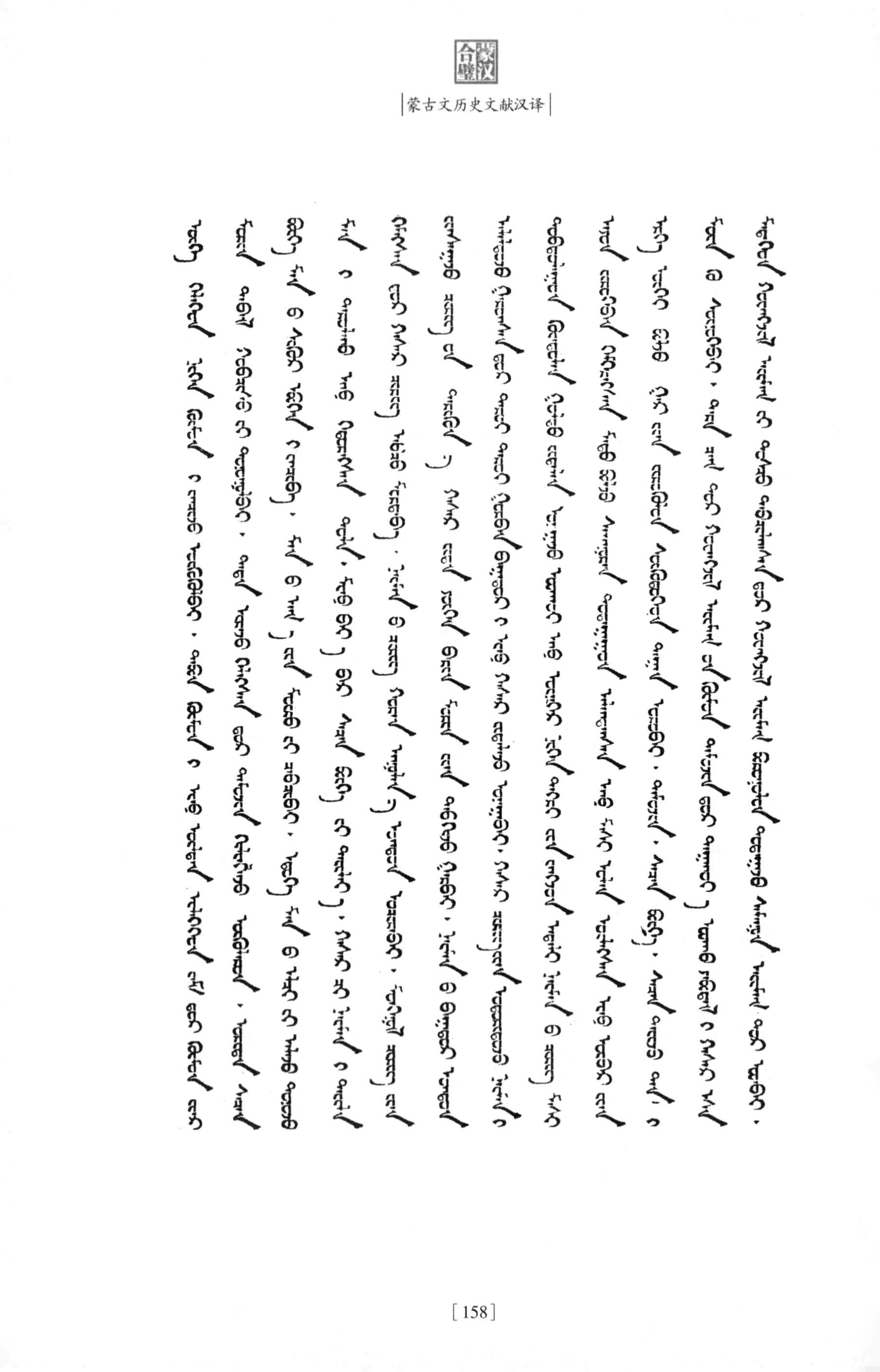

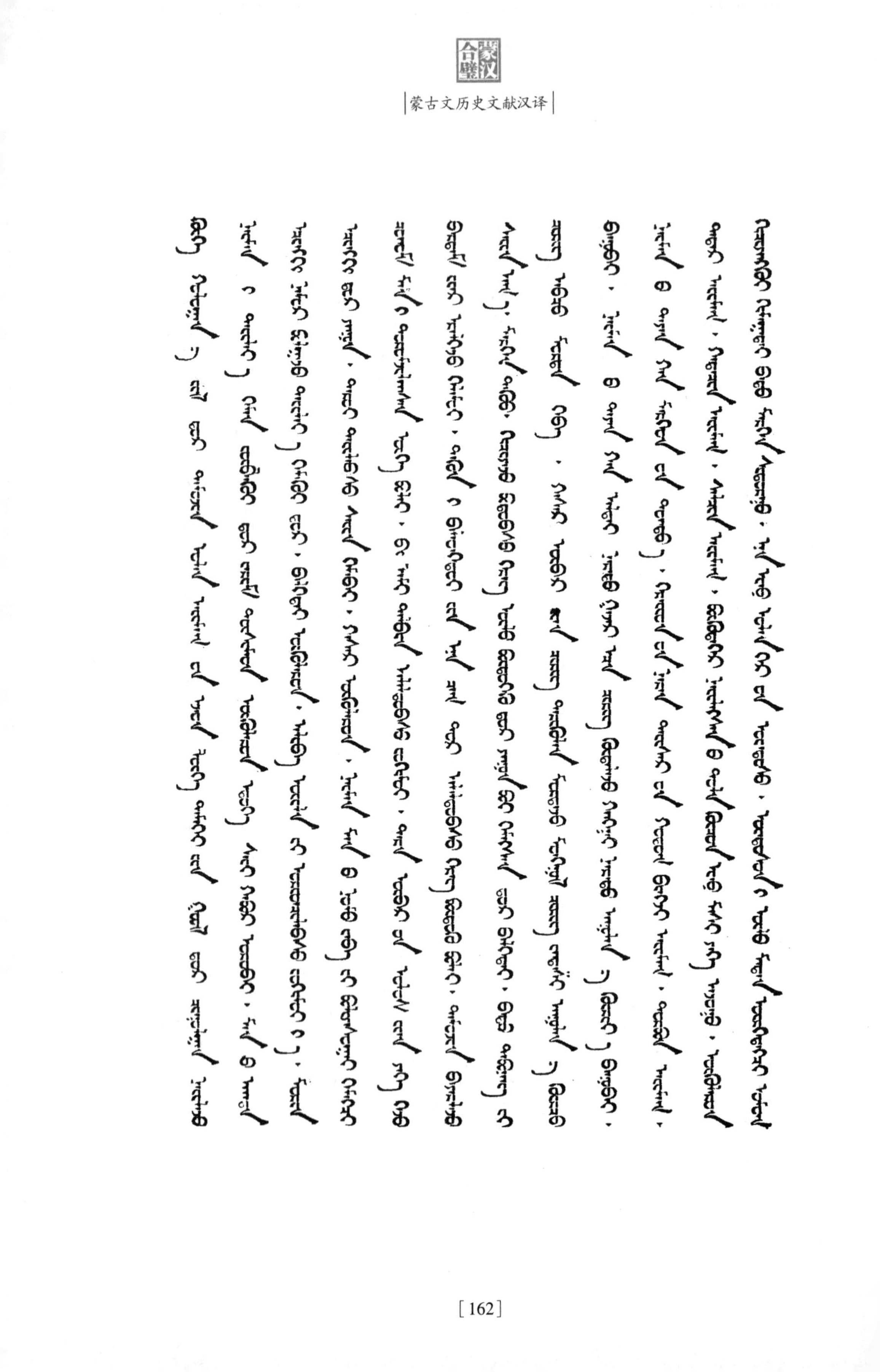

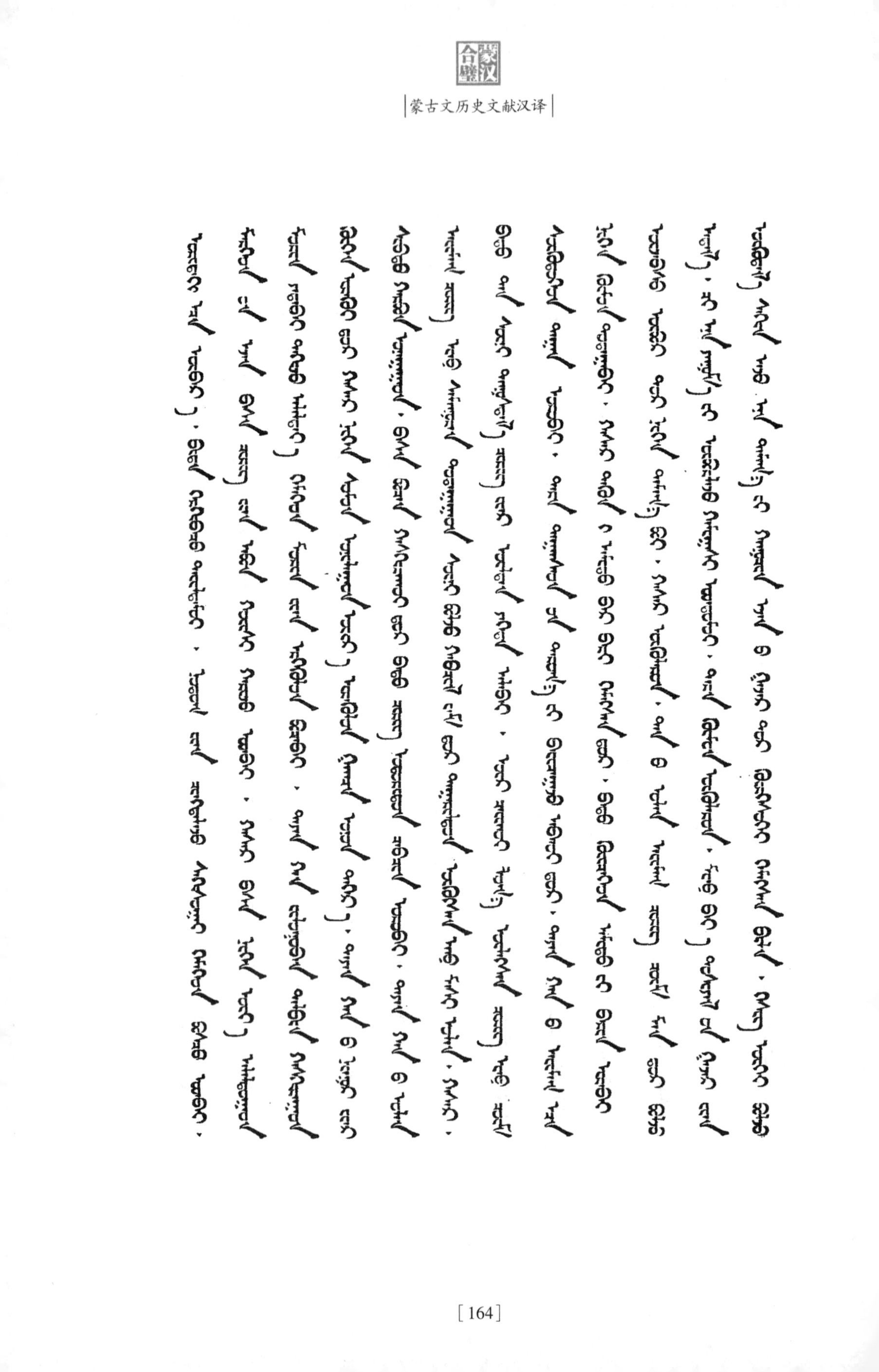

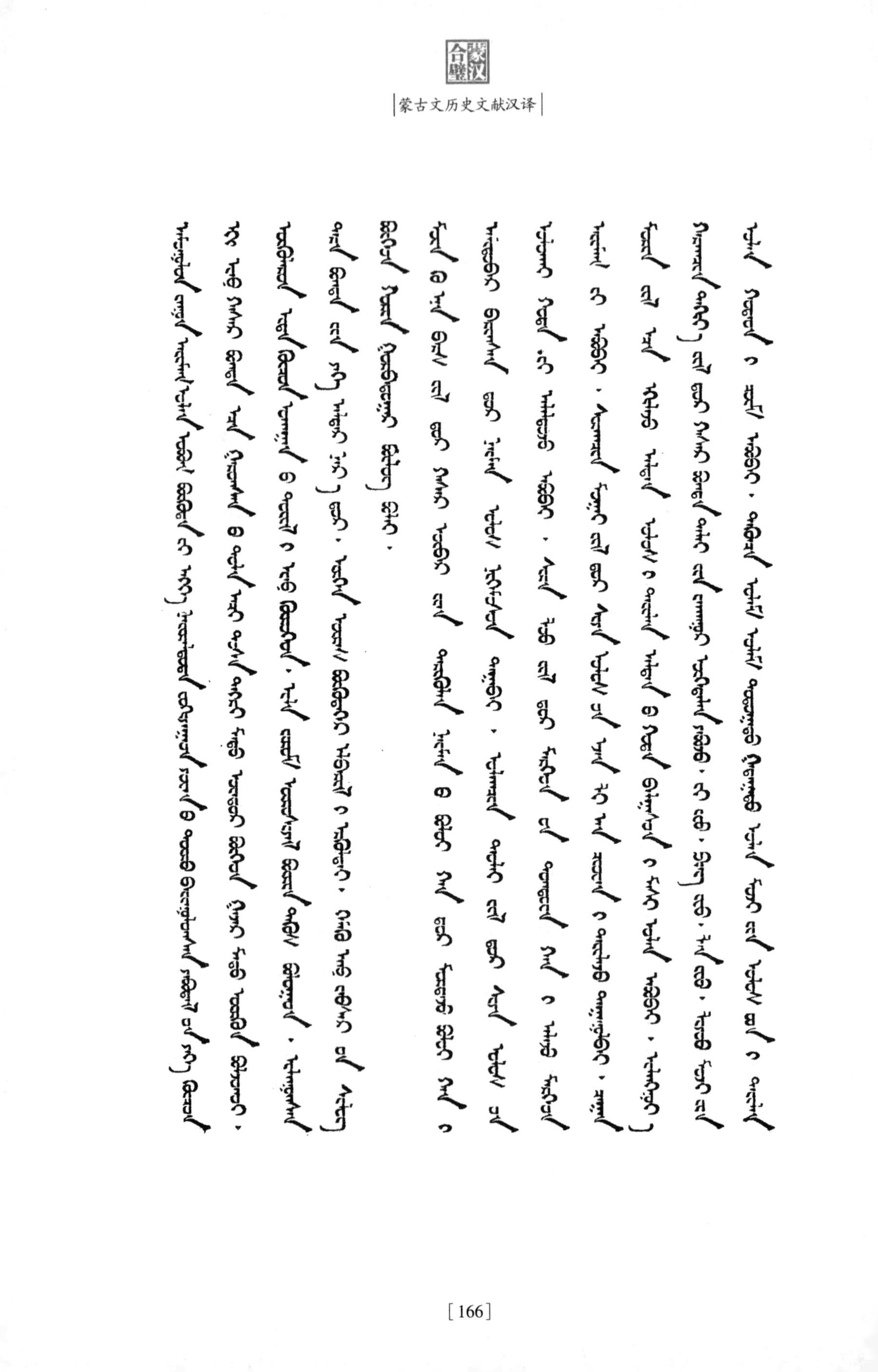

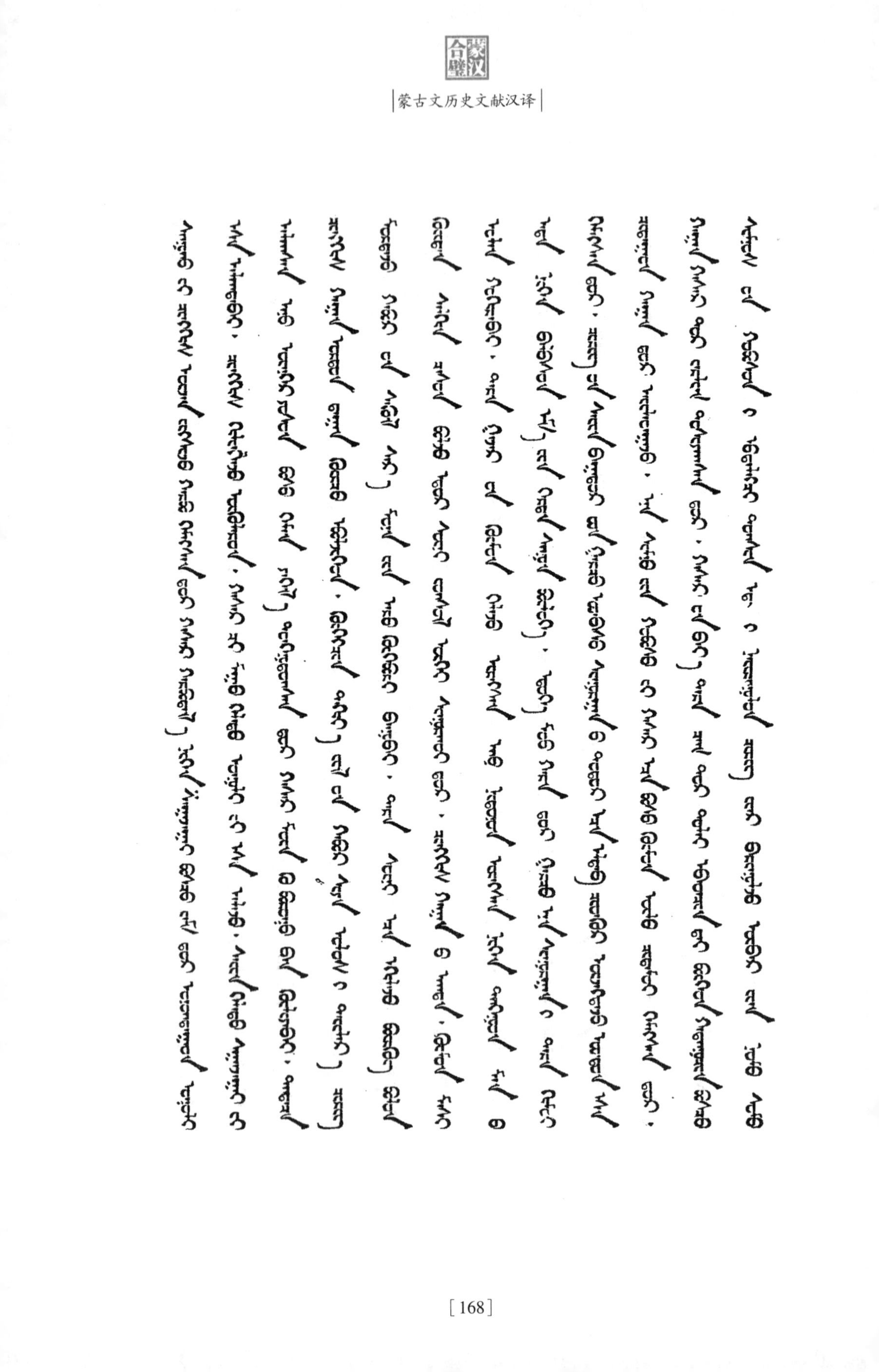

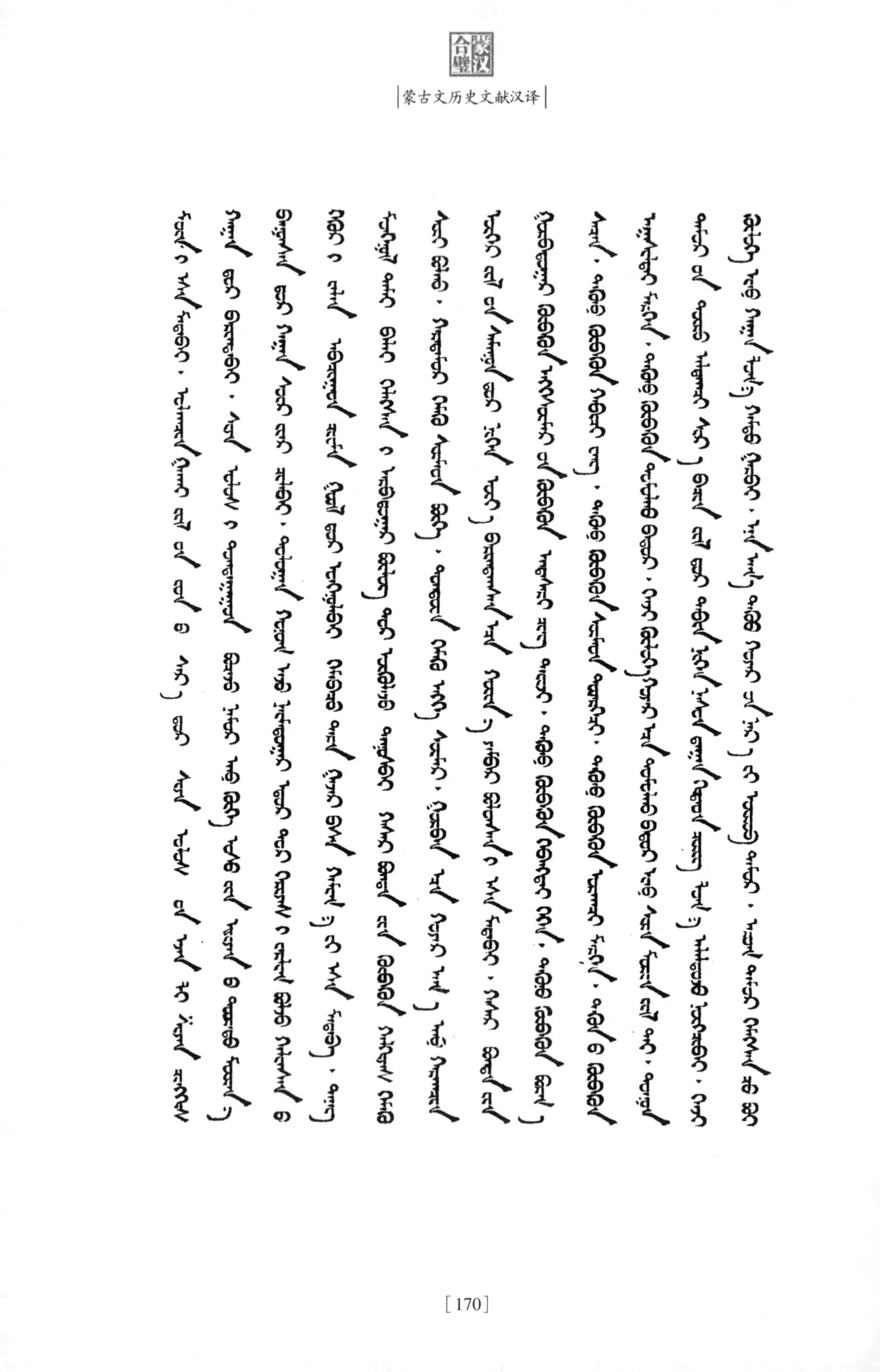

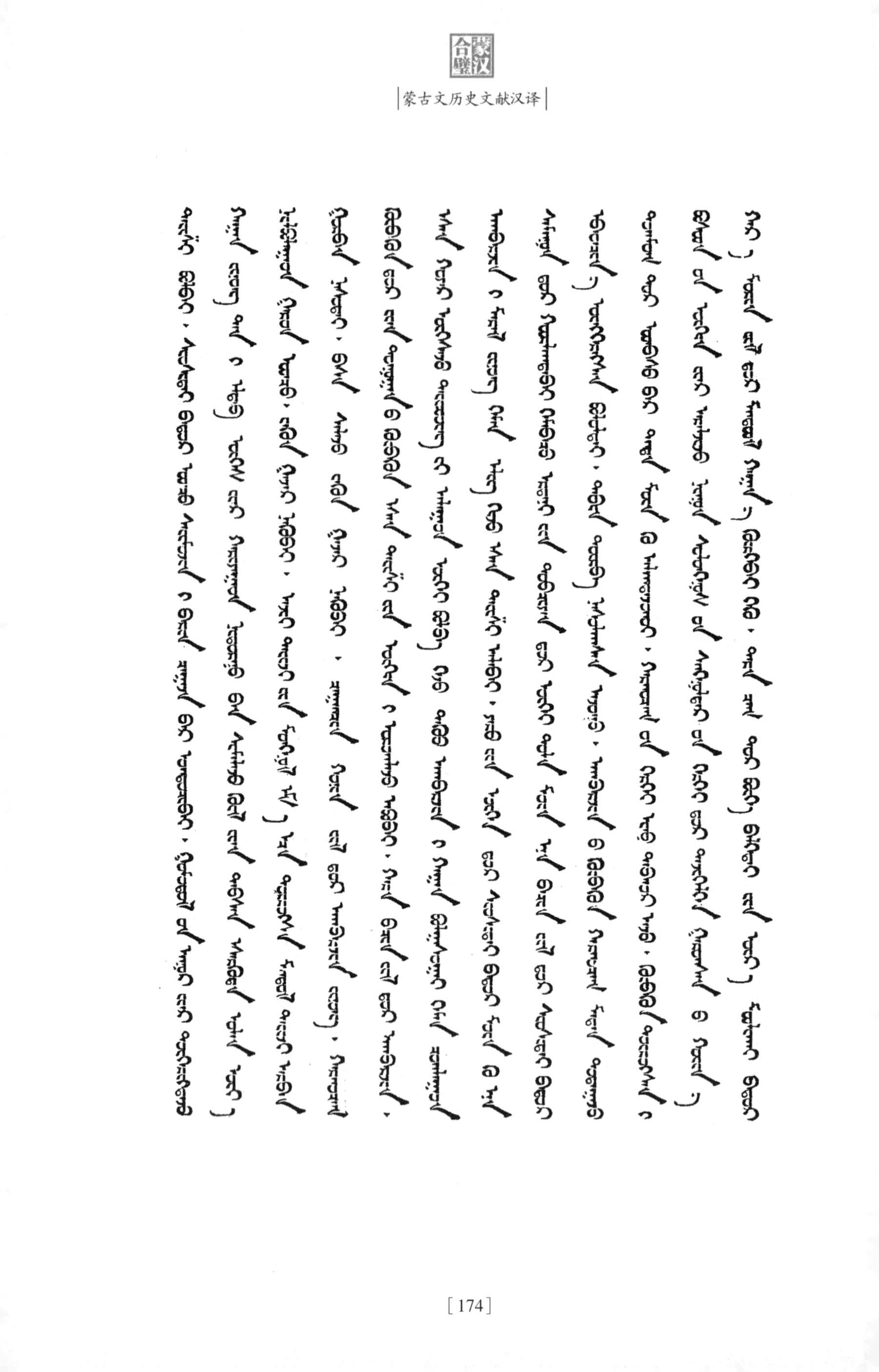

[illegible]

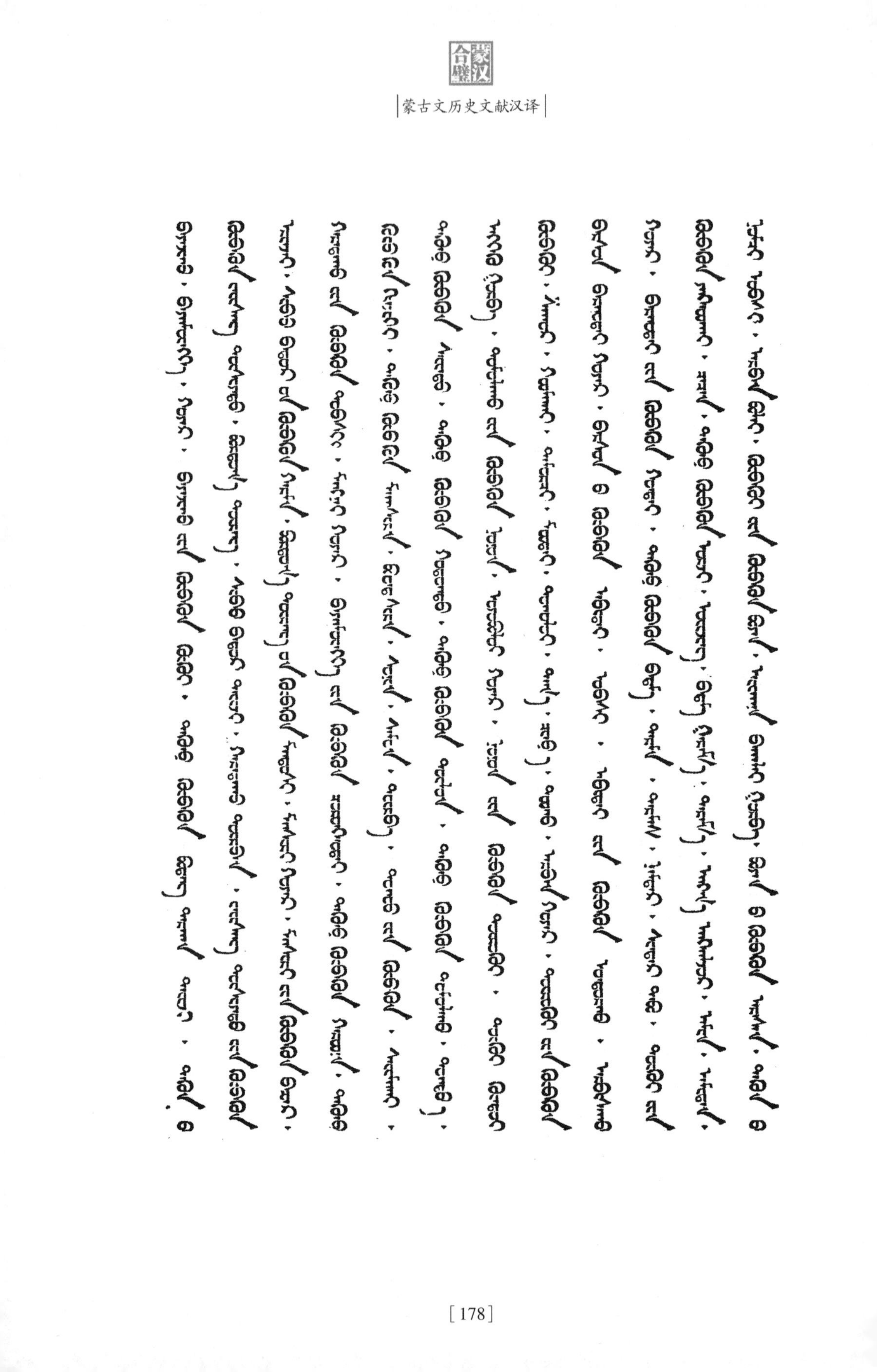

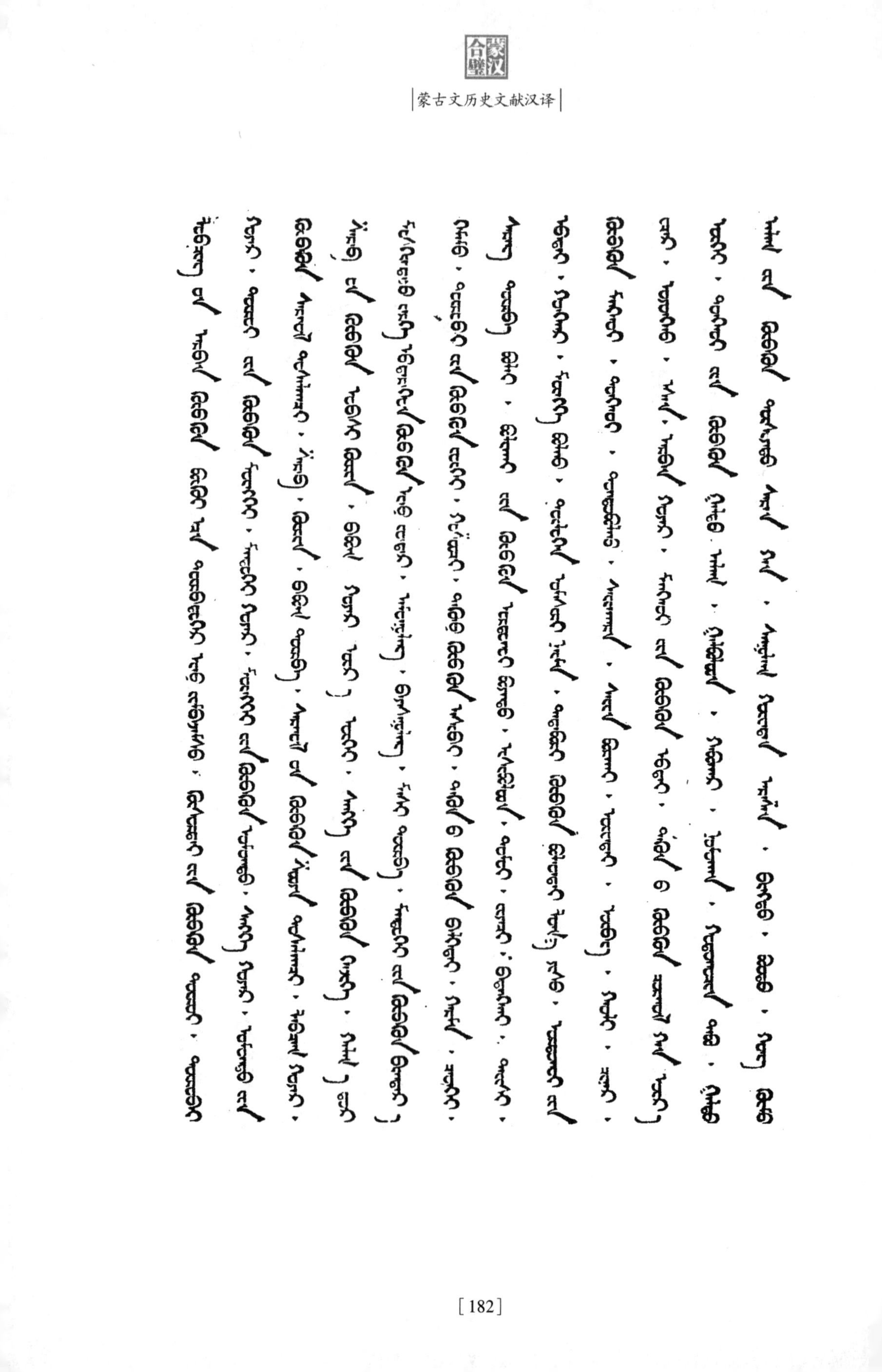

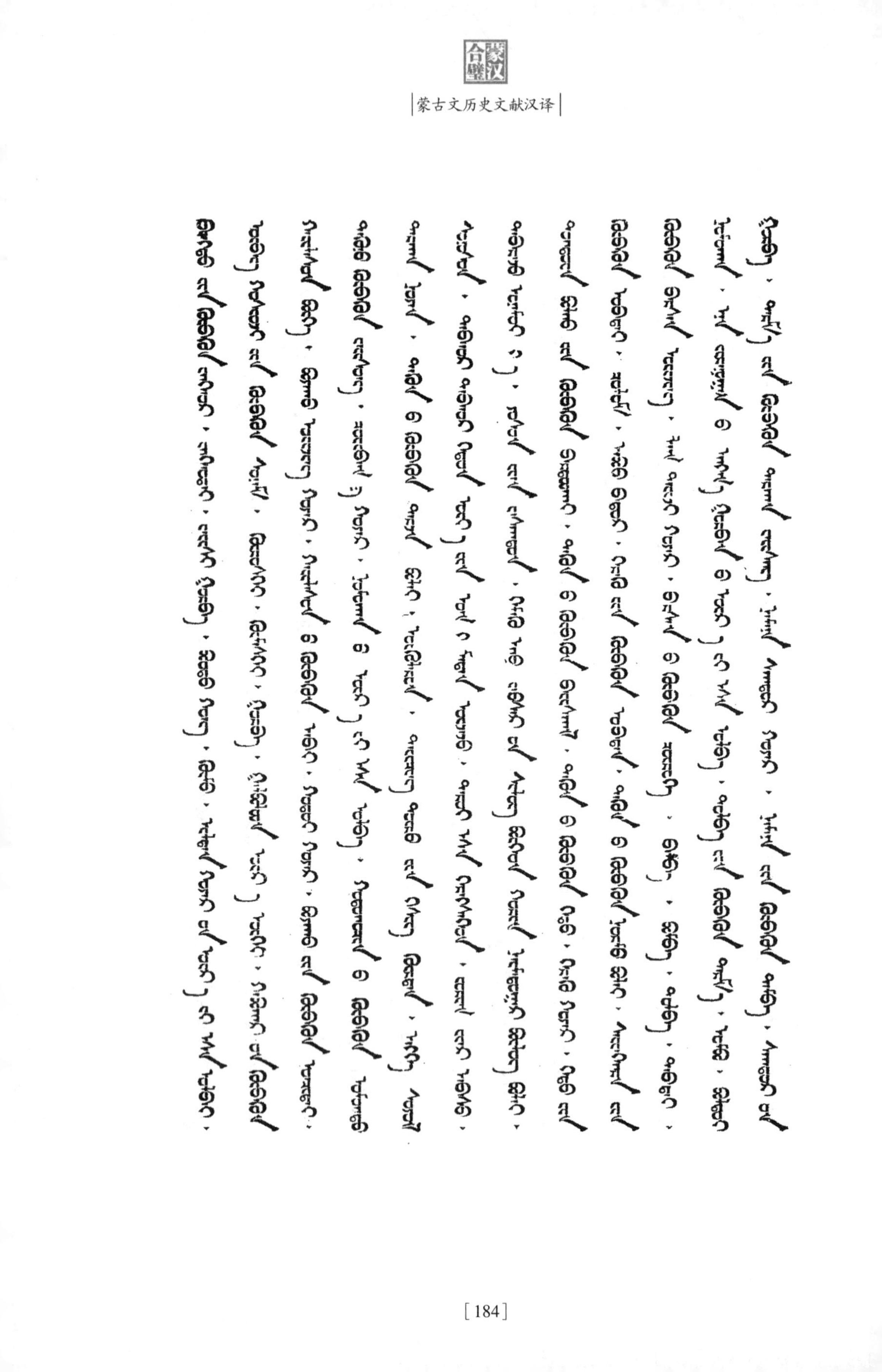

[illegible]

[illegible]

[illegible]

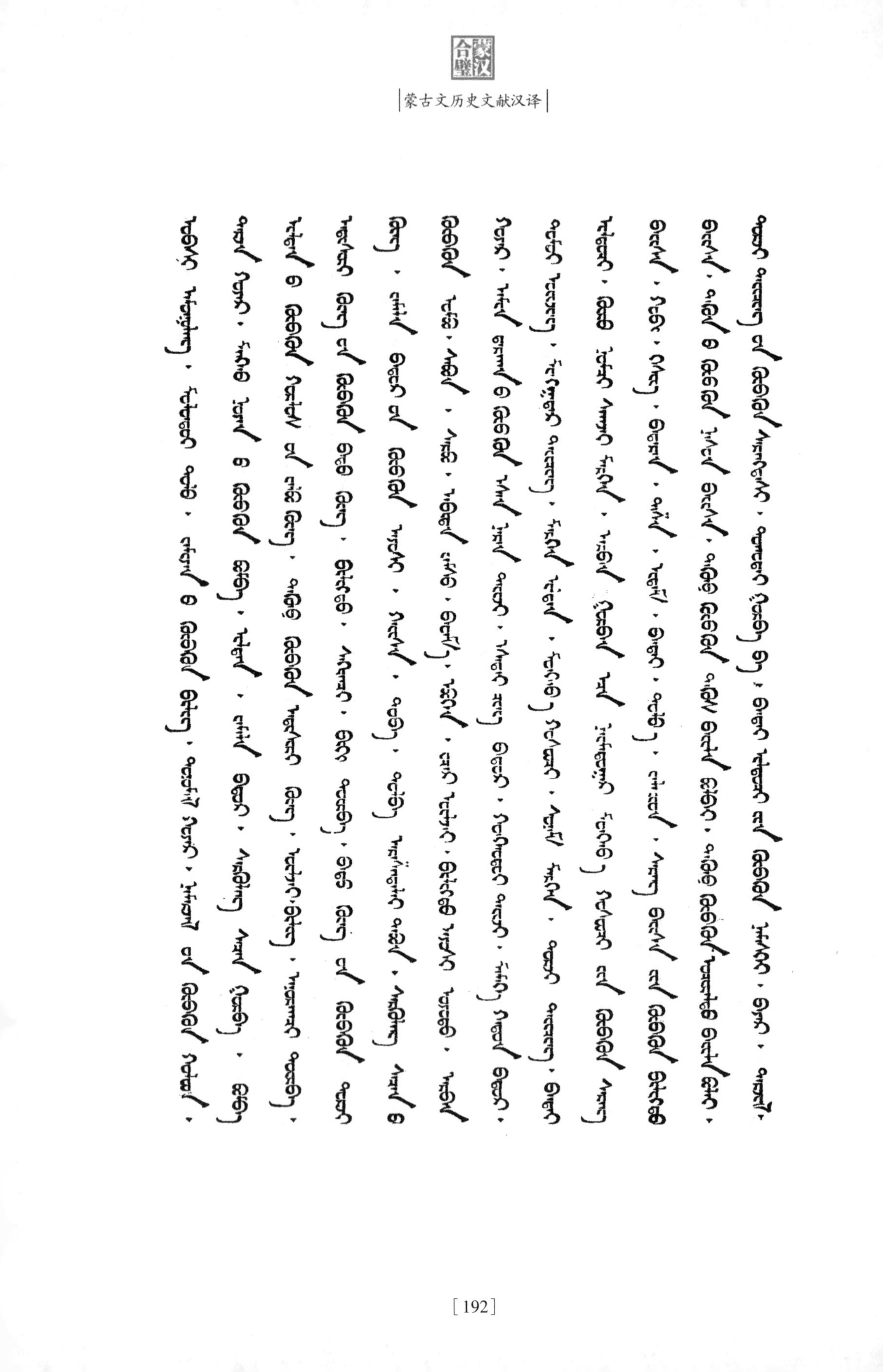

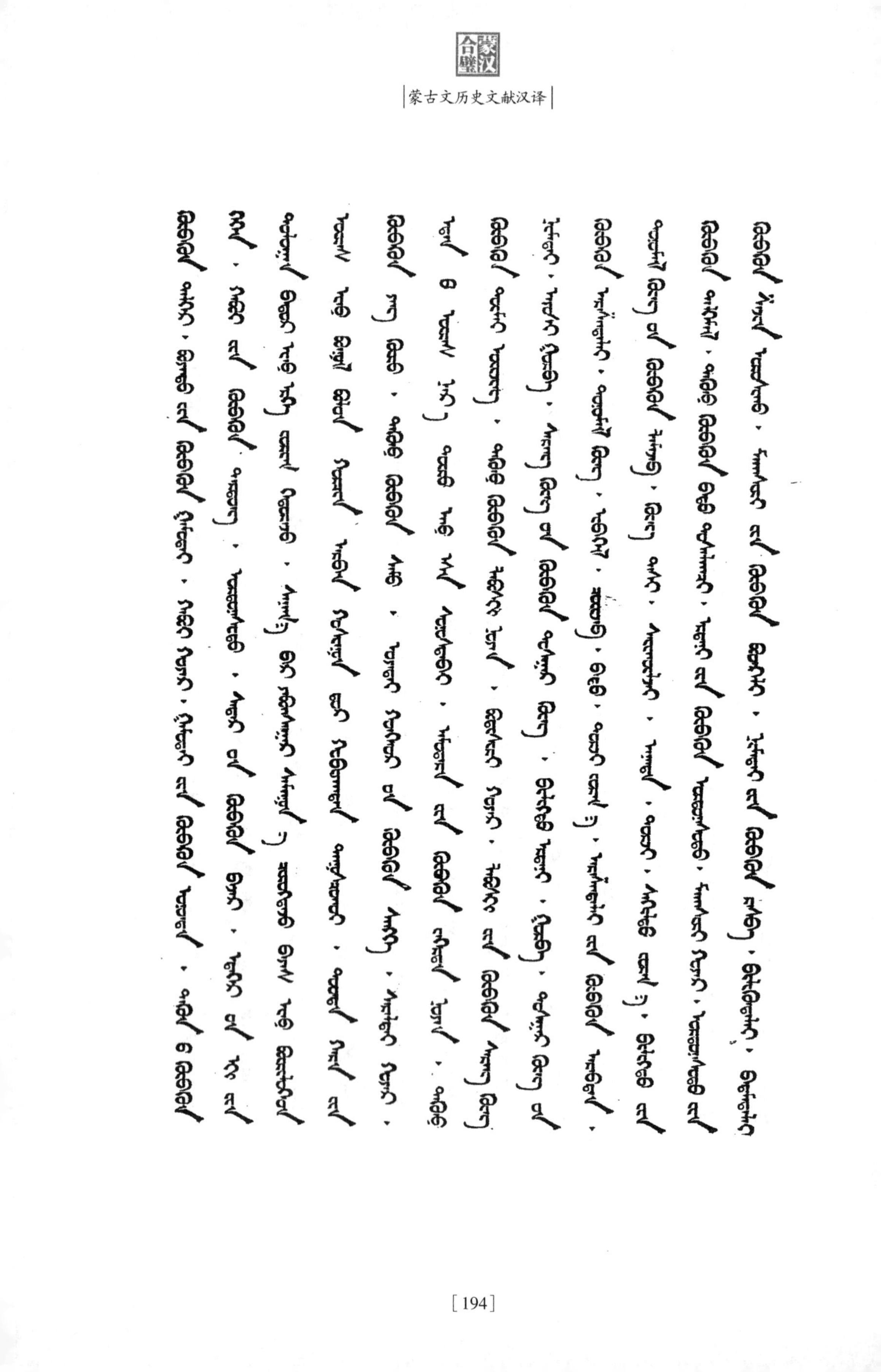

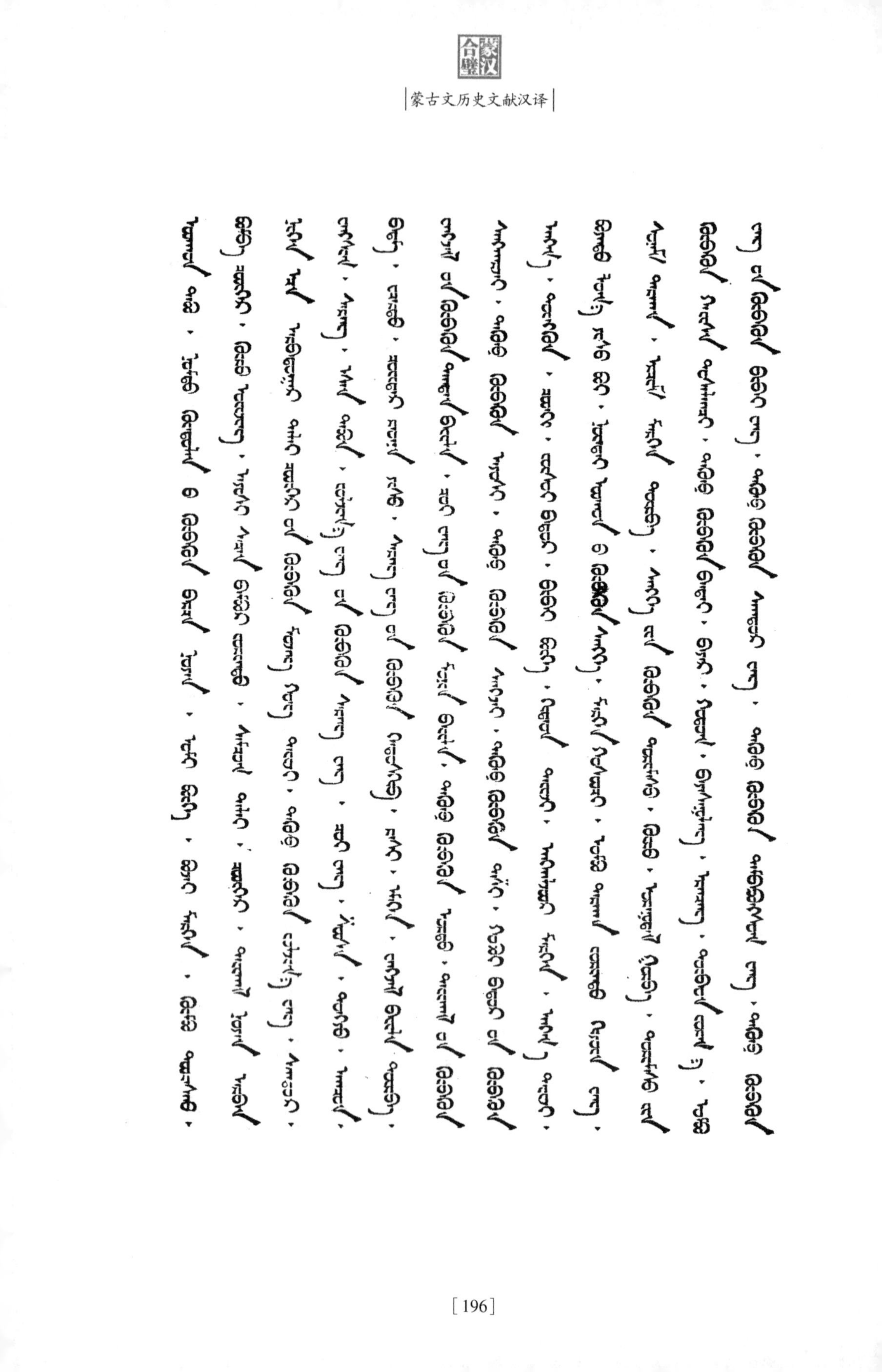

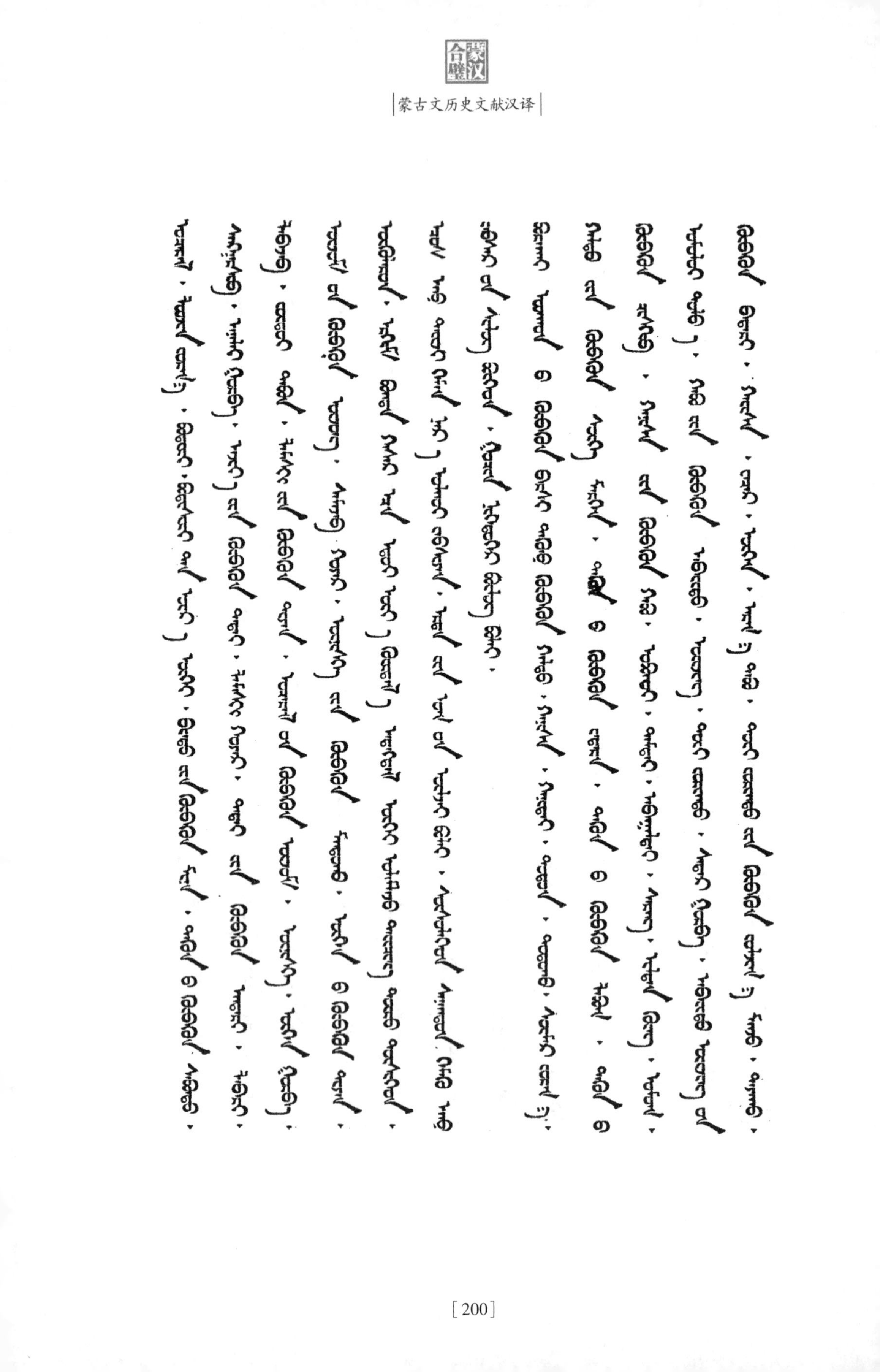

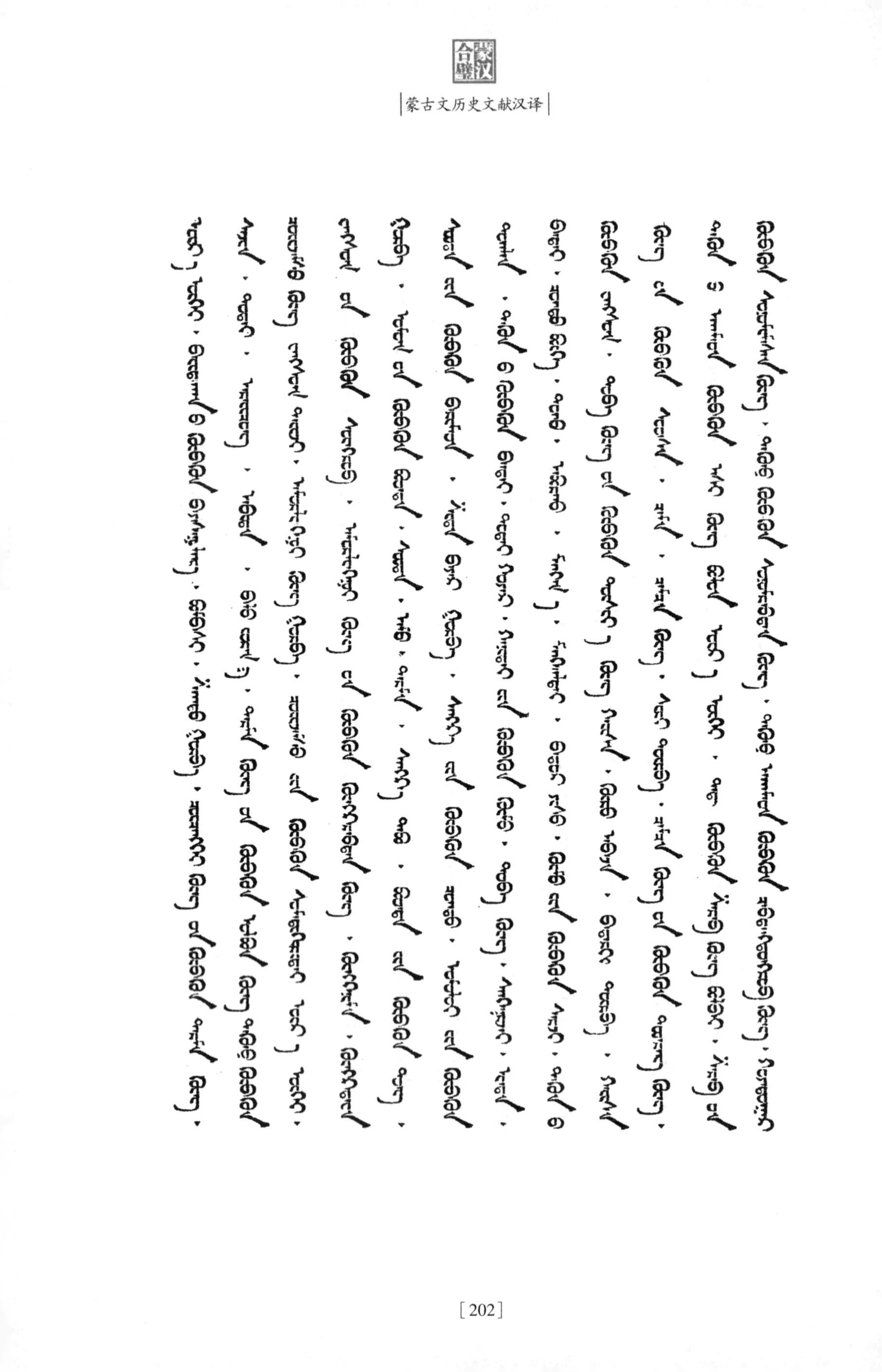

[illegible]

ᠬᠦᠪᠡᠭᠦᠨ ᠲᠠᠯᠢᠮ ᠪᠣᠯᠢ ᠶᠢᠨ ᠰᠢᠯ ᠪᠣᠨ · ᠪᠣᠣᠳ ᠶᠢᠨ ᠬᠦᠪᠡᠭᠦᠨ ᠪᠠᠶᠢᠰᠬᠠᠯ · ᠠᠩᠬᠠᠯᠢ · ᠠᠳᠠᠨ ᠲᠠᠶᠢᠵᠢ · ᠪᠣᠷᠠᠨ ᠶᠢᠨ
ᠬᠦᠪᠡᠭᠦᠨ ᠮᠠᠩᠭᠤᠯᠢ · ᠠᠯᠲᠠᠨ · ᠰᠣᠭᠣᠭᠢ · ᠪᠣᠣᠨ · ᠬᠠᠯᠢᠪ · ᠠᠯᠲᠠᠨ ᠬᠠᠨ ᠢ · ᠠᠯᠲᠠᠨᠠᠨ ᠶᠢᠨ ᠬᠦᠪᠡᠭᠦᠨ ᠰᠠᠯᠢᠮ · ᠪᠣ ᠰᠤᠭᠠᠨ ·
ᠰᠠᠯᠢᠮ ᠶᠢᠨ ᠬᠦᠪᠡᠭᠦᠨ ᠪᠣᠭᠳᠠᠭᠤ · ᠮᠣᠭᠤᠯᠠᠨ · ᠠᠯᠲᠠᠨ · ᠭᠠᠯᠢᠭᠤᠯ · ᠮᠠᠨᠠᠭᠠᠨ ᠭᠣᠪᠢ · ᠮᠣᠬᠣᠯ ᠪ ᠬᠦᠪᠡᠭᠦᠨ ᠮᠠᠨᠠᠭᠠᠨ · ᠭᠤᠪᠢ ᠬᠦᠪᠡᠭᠦᠨ
ᠪᠣᠭᠳᠠ · ᠮᠠᠯᠠᠨ ᠰᠠᠯᠢᠮ · ᠪᠣᠭᠤᠯ ᠶᠢᠨ ᠬᠦᠪᠡᠭᠦᠨ ᠬᠠᠷᠠᠬᠤᠯᠠᠭᠤ · ᠵᠤᠷᠤᠭᠤᠯ · ᠭᠠᠯᠢᠨ ᠲᠠᠶᠢᠵᠢ · ᠬᠠᠷᠠᠬᠤᠯᠠᠭᠤ ᠤᠨ ᠬᠦᠪᠡᠭᠦᠨ ᠲᠠᠭᠤᠯ ·
ᠲᠠᠯᠢᠨ · ᠲᠣ ᠲᠠᠶᠢᠵᠢ · ᠵᠤᠷᠤᠭᠤᠯ ᠶᠢᠨ ᠬᠦᠪᠡᠭᠦᠨ ᠮᠠᠭᠤ · ᠮᠣᠭᠤᠯᠠᠨ · ᠲᠠᠯᠢᠨ · ᠭᠣᠪᠢᠷᠠᠯ ᠲᠠᠶᠢᠵᠢ · ᠭᠠᠯᠢᠨ ᠶᠢᠨ ᠬᠦᠪᠡᠭᠦᠨ
ᠬᠠᠷᠢᠭ · ᠬᠠᠷᠢᠯ · ᠦᠯᠵᠡᠢ · ᠠᠯᠲᠠᠨᠢ · ᠰᠠᠭᠠᠨ ᠭᠣᠪᠢ · ᠪᠣᠭᠳᠠ ᠬᠠᠮᠤᠭ ᠶᠢᠨ ᠬᠦᠪᠡᠭᠦᠨ ᠪᠣᠭᠳᠠᠨ ᠠᠮᠤᠭᠠᠨ · ᠰᠠᠯᠢᠮ · ᠭᠠᠷᠤᠭᠤᠨ · ᠰᠠᠷᠠᠭᠤᠯ
ᠭᠣᠪᠢ · ᠪᠣᠭᠳᠠᠨ ᠶᠢᠨ ᠬᠦᠪᠡᠭᠦᠨ ᠪᠣᠭᠳᠠᠨ · ᠰᠠᠷᠠᠭᠤᠯᠠᠨ · ᠮᠣᠭᠤᠯᠠᠨ · ᠪᠣᠣ · ᠪᠣᠯᠠᠨ ᠭᠣᠪᠢ · ᠠᠮᠤᠭᠠᠨ ᠶᠢᠨ ᠬᠦᠪᠡᠭᠦᠨ ᠪᠣᠭᠳᠠ · ᠪᠣᠭᠳᠠᠭᠠᠨ
ᠰᠠᠯᠢᠮ · ᠰᠠᠯᠢᠨ ᠶᠢᠨ ᠬᠦᠪᠡᠭᠦᠨ ᠲᠠᠯᠢᠨ · ᠠᠯᠠᠭ · ᠪᠠᠯᠢᠮ · ᠠᠭᠤᠯᠠᠨ ᠲᠠᠶᠢᠵᠢ · ᠭᠠᠷᠤᠭᠤᠯᠠᠨ ᠶᠢᠨ ᠬᠦᠪᠡᠭᠦᠨ ᠮᠣᠭᠤᠯᠠᠨ · ᠮᠠᠯᠢᠨ ·
ᠮᠠᠯᠢᠪ · ᠮᠠᠯᠠᠭᠤᠯ ᠲᠠᠶᠢᠵᠢ · ᠰᠠᠷᠠᠭᠤᠯ ᠶᠢᠨ ᠬᠦᠪᠡᠭᠦᠨ ᠰᠠᠷᠠᠭᠤᠯᠢ · ᠪᠠᠷᠠᠭᠤᠯᠢ · ᠮᠣᠭᠤᠯᠠᠨ ᠬᠤᠩ ᠲᠠᠶᠢᠵᠢ · ᠭᠠᠪᠤ ᠮᠠᠩᠭᠤᠰᠤ ᠶᠢᠨ ᠬᠦᠪᠡᠭᠦᠨ
ᠭᠠᠯᠢᠨ · ᠮᠣᠭᠤᠯᠠᠨ · ᠭᠣᠯᠢᠯᠠᠨ · ᠮᠠᠪᠤᠯ ᠲᠠᠶᠢᠵᠢ · ᠭᠠᠯᠢᠨ ᠶᠢᠨ ᠬᠦᠪᠡᠭᠦᠨ ᠠᠯᠲᠠᠨ ᠮᠠᠯᠢᠯ · ᠠᠯᠢᠯ ᠢ ᠰᠠᠯᠢᠨ · ᠠᠯᠲᠠᠨ ᠮᠠᠯᠢᠯ ᠤ ᠬᠦᠪᠡᠭᠦᠨ
ᠮᠠᠭᠤᠯᠠᠨ · ᠭᠣᠪᠢ ᠬᠦᠪᠡᠭᠦᠨ ᠮᠠᠭᠤᠯᠠᠨ · ᠮᠣᠭᠤᠯᠠᠨ ᠶᠢᠨ ᠬᠦᠪᠡᠭᠦᠨ ᠪᠣᠢ ᠰᠠᠯᠠᠭᠤᠯᠠᠨ · ᠭᠠᠷᠤᠭᠠᠨ ᠪᠣᠭᠳᠠᠨ ᠲᠠᠶᠢᠵᠢ · ᠰᠠᠯᠢᠨ ᠶᠢᠨ ᠬᠦᠪᠡᠭᠦᠨ
ᠭᠠᠯᠢᠨ · ᠪᠣᠯᠣᠨ · ᠰᠠᠷᠠᠭᠤᠯᠠᠨ · ᠠᠯᠲᠠᠨ ᠮᠠᠭᠤᠯᠠᠨ · ᠭᠠᠯᠢᠨ · ᠭᠠᠮᠠᠭᠠᠨ ᠭᠣᠪᠢ · ᠭᠠᠯᠢᠨ ᠶᠢᠨ ᠬᠦᠪᠡᠭᠦᠨ ᠲᠠᠭᠠᠨ · ᠪᠠᠶᠢᠰᠬᠠᠯ ·

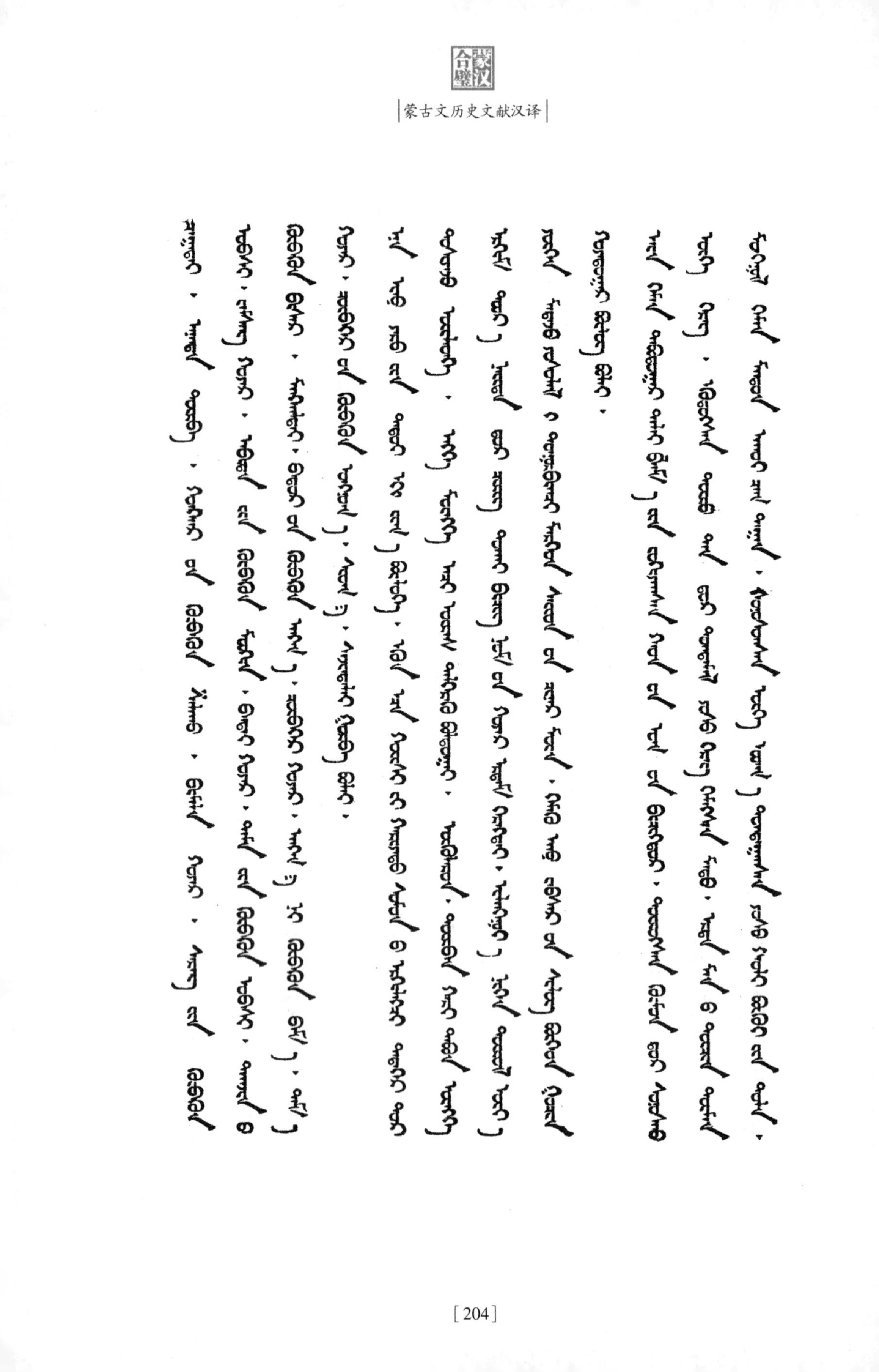

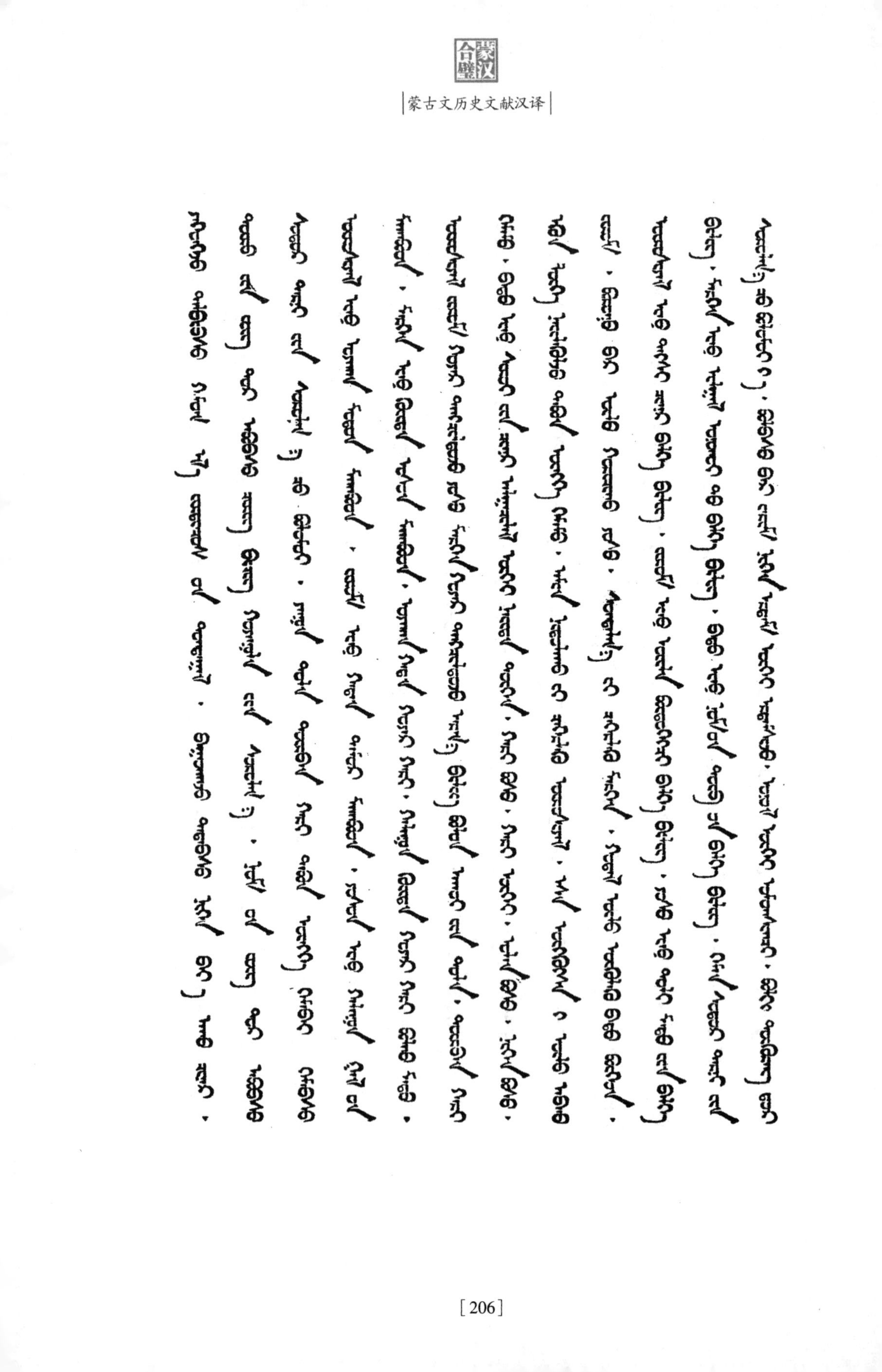

[illegible]

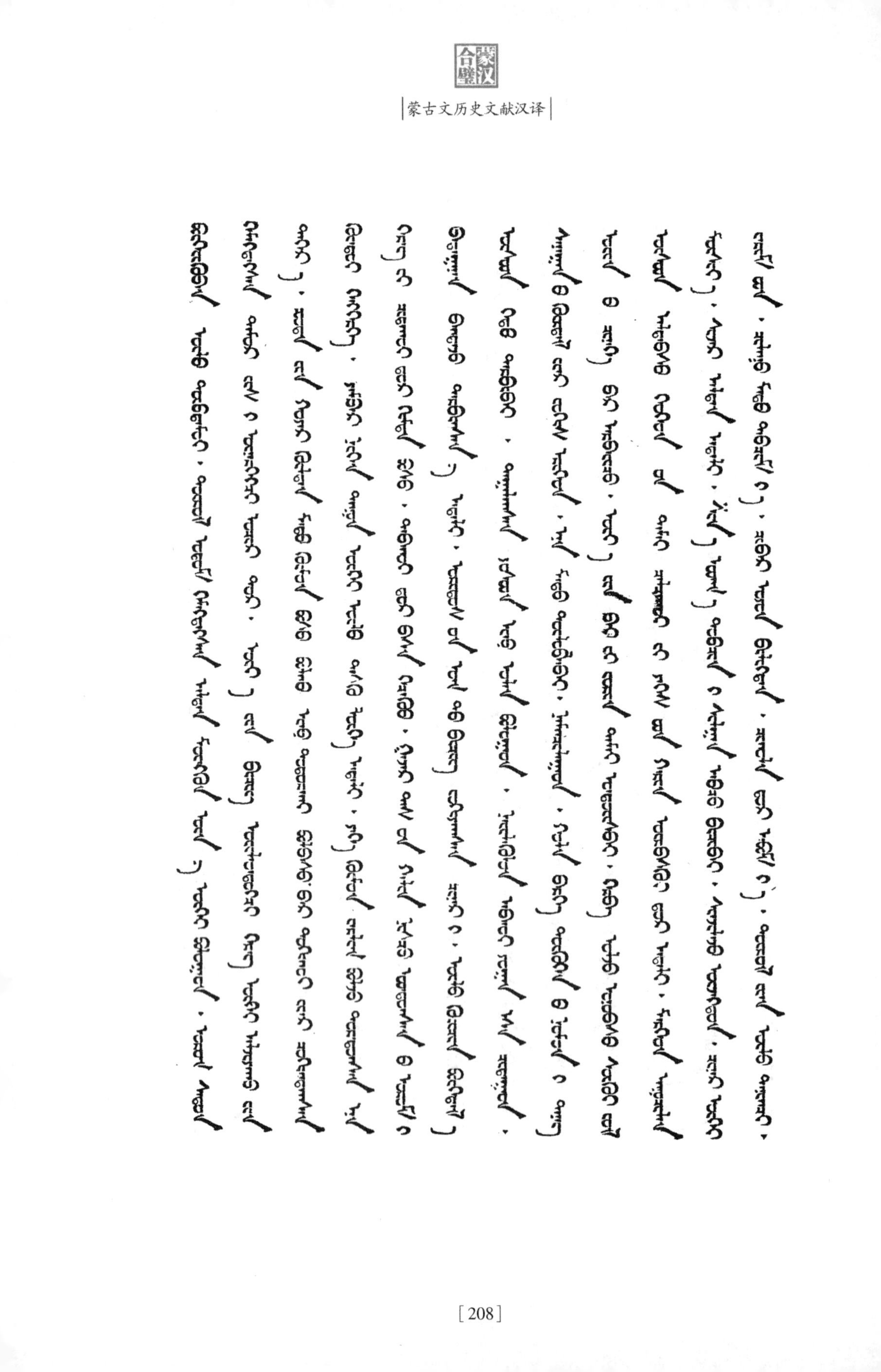

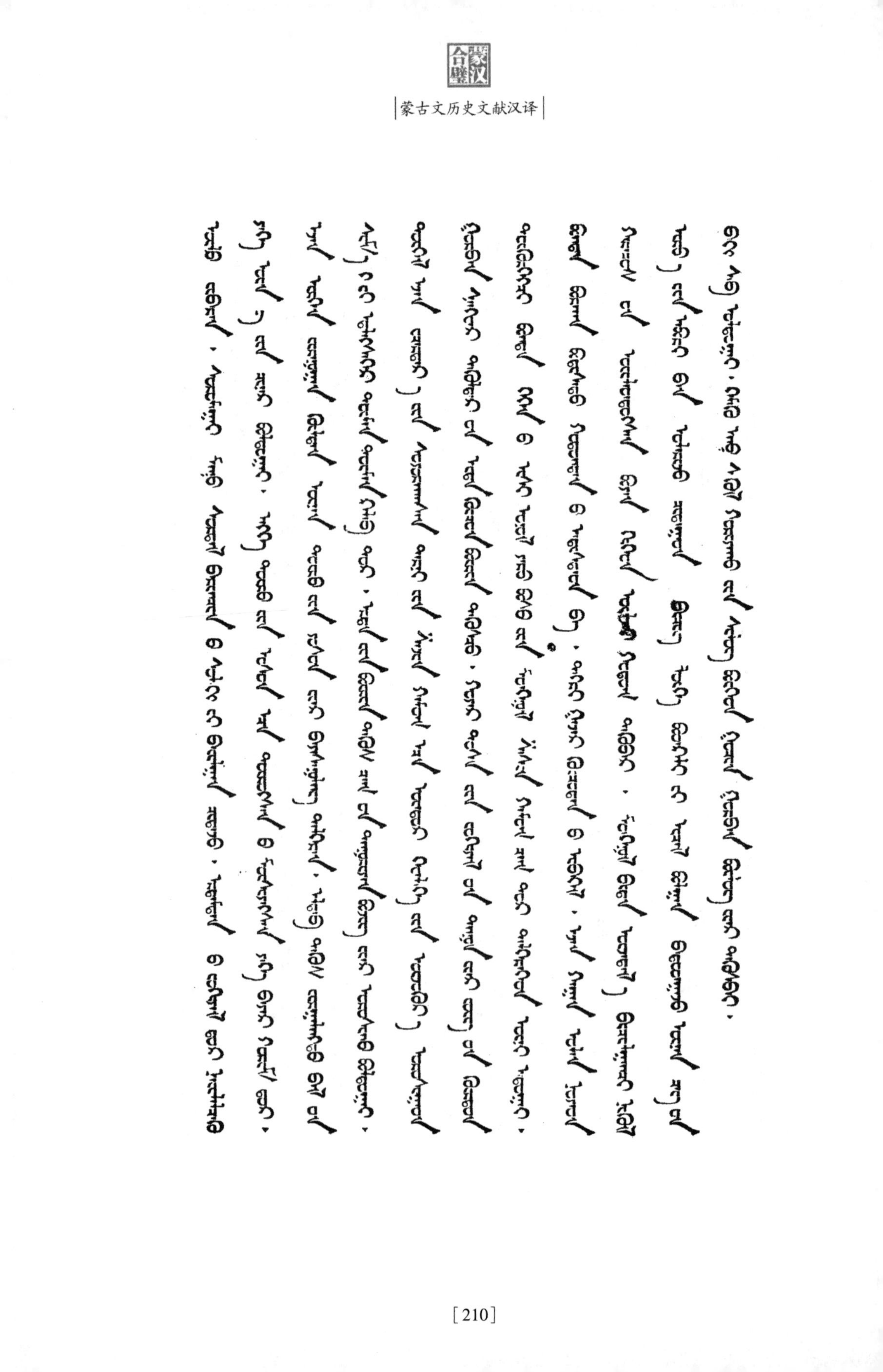